《辛亥革命全景录》编委会

主　编：金冲及

副主编：黄书元

编委会：（按姓氏笔画为序）

辛亥革命全景录　主编　金冲及

国家"十二五"规划　重点图书项目
纪念辛亥革命100周年

共和大业

——聚焦1911

欧阳军喜　王宪明　等著

人民出版社

责任编辑:励　始
装帧设计:徐　晖
责任校对:高　敏

图书在版编目(CIP)数据

共和大业:聚焦1911/欧阳军喜　等著. −北京:人民出版社,2011.10
(辛亥革命全景录/金冲及主编)
ISBN 978−7−01−010190−3

Ⅰ.①共⋯　Ⅱ.①欧⋯　Ⅲ.①辛亥革命-史料　Ⅳ.①K257.06

中国版本图书馆 CIP 数据核字(2011)第 168792 号

共和大业

GONGHE DAYE

——聚焦1911

欧阳军喜　王宪明 等著

人民出版社 出版发行
(100706　北京朝阳门内大街 166 号)

北京中科印刷有限公司印刷　新华书店经销

2011 年 10 月第 1 版　2011 年 10 月北京第 1 次印刷
开本:710 毫米×1000 毫米 1/16　印张:13　字数:249 千字

ISBN 978−7−01−010190−3　定价:29.00 元

邮购地址 100706　北京朝阳门内大街 166 号
人民东方图书销售中心　电话 (010)65250042　65289539

总　序

席卷全国的辛亥革命，到现在整整100年了。

党的十五大报告指出："一个世纪以来，中国人民在前进道路上经历了三次历史性的巨大变化，产生了三位站在时代前列的伟大人物：孙中山、毛泽东、邓小平。"第一次历史性巨变是辛亥革命；第二次是中华人民共和国的成立和社会主义制度的建立；第三次是改革开放，为实现社会主义现代化而奋斗。这对辛亥革命是一个很高的评价，解决了辛亥革命的历史定位问题。

在过去很长时间里，人们对于辛亥革命的认识是不够的，往往讲它的消极和失败的方面比较多，讲它的历史意义和对中国历史的推进作用比较少。这有认识上的原因，也有时代的原因。曾经参加过辛亥革命的林伯渠同志于1941年在延安《解放日报》上写了一篇文章，其中讲道："对于许多未经过帝王之治的青年，辛亥革命的政治意义是常被过低估计的。这并不足怪，因为他们没看到推翻几千年因袭下来的专制政体是多么不易的一件事。"当年的青年现在如果还在世的话已经九十来岁了。林伯渠同志70年前讲这番话的时候尚且如此，今天的青年对辛亥革命的认识严重不够也就不难理解了。

时代的原因也很重要：辛亥革命虽然取得了很大成功，但并没有从根本上推翻帝国主义和封建势力的统治，中国半殖民地半封建的社会性质并没有改变，人民的悲惨境遇也没有改变。孙中山也总是强调"革命尚未成功，同志仍须努力"。所以在民主革命阶段，包括共产党人在内的先进人士着重强调的常常是辛亥革命并没有从根本上解决问题这一面，以鼓舞人们继续奋斗去夺取胜利。因此，以前对辛亥革命的不足方面讲得比较多是可以理解的。现在，已经过了100年，中国人民已经站立起来并且取得了伟大的胜利，回过头来看，我们自然可以对辛亥革命的历史功绩作出更冷静、更全面、更客观的评价。

把辛亥革命看作是20世纪中国的第一次历史性巨变，它的主要历史功绩至少体现在以下三个方面。

一、辛亥革命开创了完全意义上的近代民族民主革命

这是党的十五大报告中对于辛亥革命的表述。但这句话似乎并没有引起人们足够的注意。说辛亥革命开创了完全意义上的近代民族民主革命，是说它在中华民族的历史发展上提出了新的目标。

近代以来，中华民族遭受到的苦难实在太深重了。中华民族在古代曾经创造过灿烂的文明，但是到近代却大大落后了。鸦片战争是中国近代历史的开端，因为从那时起，中国开始丧失作为一个独立国家拥有的完整主权和尊严，走上了听凭外国殖民者欺凌和摆布的半殖民地道路。此后，中华民族逐渐陷入苦难的深渊。当时，压在中国人心头的有两块巨石，一块是帝国主义的压迫，一块是清政府的反动腐朽统治。

在1894年至1895年的中日甲午战争中，中国战败并被迫签订《马关条约》。此后，民族危机空前加剧。亲历这场事变的革命前辈吴玉章同志在回忆录中写道："这真是空前未有的亡国条约！它使全中国都为之震动。从前我国还只是被西方大国打败过，现在竟被东方的小国打败了，而且失败得那样惨，条约又订得那样苛，这是多么大的耻辱啊！……我还记得甲午战败的消息传到我家乡的时候，我和我的二哥曾经痛哭不止……我们当时悲痛之深，实非言语所能表述。"可见甲午战争对中国人的震动和影响之大。

但事情的发展远没有到此为止。1897年冬，德国出兵强租胶州湾，自此各国纷纷在中国强租领土，划分势力范围。1900年，八国联军入侵中国，世界上几乎所有帝国主义国家联合起来，共同向一个国家发动战争，这在历史上还是第一次。此后，八国联军占领中国的首都——北京长达一年之久，并实行分区管制，居民要分别悬挂占领国的国旗。这种耻辱，不能不深深刺痛中国人的心。90年后邓小平同志还谈道："我是一个中国人，懂得外国侵略中国的历史。当我听到西方七国首脑会议决定要制裁中国，马上就联想到一九〇〇年八国联军侵略中国的历史。七国中除加拿大外，其他六国再加上沙俄和奥地利就是当年组织联军的八个国家。要懂得些中国历史，这是中国发展的一个精神动力。"接下来的1904年至1905年，日本和沙俄为了争夺在华利益，在中国东北进行了一场日俄战争，给中国人民带来巨大灾难。中朝两国历来唇齿相依，唇亡齿寒。1910年，日本正式吞并朝鲜，又给中国人很大的刺激。中华民族已到了濒临灭亡的边缘。

长期以来，清政府以"天朝大国"自居，许多国人盲目自大、安于现状。

即便鸦片战争后，中国已开始沦为半殖民地，但一般人的认识还很不足，危机意识不强。1894年甲午战争前夜，郑观应在其名著《盛世危言》中看到"时势又变，屏藩尽撤，强邻日逼"的严重局面，觉得需要危言耸听地提出一系列改革主张，但是在书名中一定要加上"盛世"两字，不敢说已是"衰世"，不然受到的压力就太大了。1894年，孙中山成立了兴中会，第一次提出了"振兴中华"的口号。第二年，改良派的严复写了一篇《救亡决论》，最先喊出"救亡"的口号。陈天华在《警世钟》中说："要革命的，这时可以革了，过了这时没有命了"，反映出当时中国人那种焦虑和急迫的心情。

我们再来看看清政府的状况。八国联军入侵中国后，流亡西安的清政府发出一道上谕，宣称要"量中华之物力，结与国之欢心"。此时的清政府已俨然成为一个"洋人的朝廷"。清政府还是一个极端专制的政府。在民怨沸腾、革命高潮日益逼近之际，清政府于1908年颁布的《钦定宪法大纲》的第一条就是："大清皇帝统治大清帝国，万世一系，永永尊戴。"它还规定国家颁布法律、召开议会、调集军队、对外宣战、签订条约等权力都集中在君主手中，特别强调"宣战、讲和、订立条约及派遣使臣与认受使臣之权。国交之事，由君上亲裁，不付议院议决"。可见，即使已到了穷途末路，清政府依然坚持那种极端专制的制度。甲午战争前，清政府每年的财政收入大体在白银八千万两。而甲午战争失败后向日本的赔款就达两亿三千万两白银，加上分期缴付所需利息，相当于三年的全部财政收入。《辛丑条约》按照人均一两白银的标准，规定中国向列强赔款四亿五千万两。这些钱从哪里来？一方面，清政府大量举借外债，这大大加深了对列强的依赖；另一方面，只能加重税收、加紧搜刮国民。至宣统三年，国家的财政收入猛增到三亿两白银。当然，这不是生产发展而只能是加紧剥削的结果。

如何改变这样的危局？中国的出路在何方？太平天国运动、义和团运动、维新变法等许多尝试最终都以失败告终。此时，以孙中山为代表的资产阶级革命派登上了历史舞台。他不仅首先提出了"振兴中华"的口号，而且组建成立了同盟会，提出了"民族、民权、民生"三大主义。也就是要实现民族独立、民主政治、民生幸福，并且要通过革命的手段来实现。这在当时是最进步的思想，反映了时代的要求和人民的愿望。所以，毛泽东同志说过："中国反帝反封建的资产阶级民主革命，正规地说起来，是从孙中山先生开始的"。尽管孙中山的思想中有着空想的成分，并没有找到实现这些目标的具体道路，但这些目标的提出毕竟激励了不止一代的中国人为之奋斗。辛亥革命没有完成这个任务，但它的历史功绩是不可磨灭的。正是在这个意义上，我们一直把自己看作是孙中山先生开创的革命事业的继承者。

二、辛亥革命推翻了统治中国几千年的君主专制制度

中国在君主专制政体统治下经历过几千年的漫长岁月。这是一个沉重得可怕的历史重担。多少年来，人们从幼年起，头脑中就不断被灌输"三纲五常"这一套封建伦理观念，把它看成万古不变的天经地义。"国不可一日无君"。中国君主专制制度的经济基础是封建土地制度，而君主专制制度反过来又从政治上保障维护了封建土地制度。君主仿佛代表天意，站在封建等级制度的顶巅。《红楼梦》里的王熙凤有一句名言："舍得一身剐，敢把皇帝拉下马。"可见在那个时候，谁要是想"把皇帝拉下马"，就得要有"舍得一身剐"的勇气，一般人是连想都不敢想的。而辛亥革命砍掉了皇帝这个封建社会的"头"，整个旧秩序就全乱了套。从此以后，从北洋军阀到蒋介石南京政府，像走马灯那样一个接一个登场，旧社会势力却再也建立不起一个统一的比较稳定的政治秩序来。这样的状况和辛亥革命以前显然不同。

有人评价辛亥革命导致了中国军阀割据，社会更加混乱。似乎革命徒然造成社会的混乱，妨碍了中国现代化的实现。这其实是一种目光短浅的看法。实际上，辛亥革命将清政府打倒后，旧势力只能靠赤裸裸的野蛮的军事统治，显然这是无法持久的。而且，军阀混战使旧统治势力四分五裂，也有利于以后人民革命的开展。所以尽管军阀混战对中国人民的伤害极大，但如果从稍长时段的历史眼光来看，这种动荡和阵痛是社会转型期常需经历的过程。可以说，辛亥革命在这方面正给以后中国人民革命的胜利打开了道路。

三、辛亥革命带来了民主意识的高涨和思想的大解放

民主意识就是指国民对自己在国家中所处地位的认识。在封建君主专制的社会里，一切都是皇帝"乾纲独断"，老百姓根本谈不上有对国家建议和管理的权力。戊戌变法前的"公车上书"当时在全国引起很大震动，但上书的都是有功名的举人，并且由于都察院拒绝代递，所上之书也没有能送达朝廷。辛亥革命后，临时政府公布了《中华民国临时约法》，孙中山特别提出要写上"中华民国之主权属于国民全体"，这是他最看重的一点。虽然中华民国并没有给人民带来当家作主的现实，但民众的心理发生了很大变化，觉得自己是国家的主人了。民国成立后，各种政治团体纷纷成立，报纸杂志空前活跃，

群众活动多了。可以这样说，没有辛亥革命就没有五四运动，因为如果没有辛亥革命创造的这种社会氛围和民众心理状态，五四运动很难发生。另一点是思想的解放，辛亥革命将过去被看得至高无上的皇帝推翻了，连皇帝都可以打倒，那么，还有什么陈腐的过时的东西不能怀疑、不能推倒呢？陈独秀在《新青年》写了一篇《偶像破坏论》说："其实君主也是一种偶像，它本身并没有什么神奇出众的作用，全靠众人迷信他，尊崇他，才能够号命全国，称作元首。一旦亡了国……比寻常人还要可怜。"五四运动时期对许多旧事物的怀疑和批判，同辛亥革命带来的思想解放有很大关系。

从近代历史上说，太平天国洪秀全做了天王实际上还是皇帝；戊戌变法是想靠一个好皇帝来实现；义和团运动打的还是"扶清灭洋"的旗号。从世界范围来说，世界大国实行共和政体的只有美国和法国，其他的都不是共和政体。辛亥革命在中国建立了共和政体，这件事不能小看。当然，我们还要看到，以孙中山为代表的资产阶级革命派也有严重的弱点和不足。为什么辛亥革命这样一场全国规模的革命运动，并不能改变中国半殖民地半封建的社会性质和人民的悲惨境遇？第一，它没有一个明确的反帝反封建的革命纲领，对帝国主义和封建主义都没有足够的认识，许多人认为推翻清政府后革命就成功了，失去继续前进的方向和动力，妥协心理上升为主流，导致革命半途而废。第二，它没有广泛地发动并依靠群众，特别是占中国人口绝大多数的工农大众。辛亥革命的主干力量是受过近代教育的爱国青年。他们在会党和新军中做了许多工作，开展了有力的革命宣传，博得了相当广泛的同情。这是武昌起义后能够迅速得到多数省响应的重要原因。它在一定程度上发动了群众，所以能取得一定的成功。但它并没有能依靠和发动占中国人口绝大多数的劳动群众，特别是在农村没有一个大变动。而没有中国最广大的农民参加和支持，在强大的帝国主义和封建势力面前就觉得自己势单力孤而易于妥协，这是它失败的重要根源。第三，同盟会是一个相当松散的组织，成员复杂，当革命取得初步胜利后，内部就四分五裂，无法形成一个把革命推向前进的坚强核心。归纳起来就是一句话，没有一个能提出科学的明确的革命纲领、能依靠和发动最大多数群众、由有共同理想和严格纪律的先进分子组成的坚强有力的党。因此，尽管辛亥革命取得了那么大的成绩，但仍没有解决根本问题。这也促使许多投身过这场革命或受到它影响的爱国者不能不严肃地重新思考国家社会的许多根本问题，寻找新的出路。

走了第一步，就会有第二步和第三步。辛亥革命的胜利和失败，从正反两个方面，为五四运动的兴起，为马克思主义在中国的传播，直到中国共产党的建立，准备了重要的条件。

历史事件是一步一步走的。中国的近代史就好像接力跑一样，后来的人以前面跑到的地方作为起点，接棒，然后又远远地跑到前一个人的前面去。从辛亥革命到中国共产党的建立这 10 年的历史，是不断探索、不断在矛盾中前进的历史。它留下的经验教训，不仅使我们了解共产党建立的必然性，而且对我们今天仍有重要的启示。

对辛亥革命的研究，已经取得众所公认的突出成绩。但有一个问题仍是很值得注意的：中国版图辽阔，人口众多，情况复杂多样。各个地区的自然环境、社会结构、文化传统、风俗习尚等等，都有很大的差异。辛亥革命是一场全国规模的革命运动，它的发展在各个地区并不是以同一模式再演。共同性和差异性同时存在，这在研究中国各个时期历史时都需要重视，对辛亥革命的研究也是如此。如果目光只集中在少数最引人注目的地区，很容易有简单化的缺陷，不足以完整地表现出这场革命的全貌，也难以看清这场革命在整个中国造成怎样的历史性巨大变化。

分省研究还有一个好处，就是便于比较。这部丛书的内容几乎涵盖了全国绝大多数省区。中国各地的情况复杂多样，丛书各卷分别对这些省在辛亥革命前的社会状况、哪些社会力量发动了当地的革命、清朝疆吏是如何应对的、革命引起了哪些巨大的社会变化、旧社会势力怎样反扑等等，都有相当详细的描述和分析。这就便于进行比较研究：从相同的地方可以加深对这场革命共同规律的理解，从不同的地方又可以看到各个地区的不同特点，这就是中国的实际国情。不作这种比较，既难更深入地把握住这场革命的发展规律，也难以看到各个不同地区的特点。所以，这项工作对推进辛亥革命研究走向深入有着不可替代的作用。这是我长期以来一直期待着的。

但是，要进行这样全国性的大协作谈何容易。我很钦佩人民出版社和各省人民出版社有这样的眼光，下决心齐心合力来从事这项巨大工程。由人民出版社和 17 家地方人民出版社共同策划并组织出版的这套《辛亥革命全景录》丛书，在新闻出版总署支持下，列入国家"十二五"规划重点出版项目。其中，《共和大业——聚焦 1911》作为综合卷，总述辛亥革命的全过程；地方卷几乎每省一册（《直隶惊雷——辛亥革命在京津冀》包括了今天的两市一省）。这样，便全方位地概述了辛亥革命在各地的发展（可惜缺少了新疆、广西、福建和东北）。

承担了这项任务的出版社都把这项工作放在十分重要的地位，各社社长担任丛书的编委会委员，亲自抓，称为"社长工程"。编委会先后召开三次编辑工作会议，确定：作为历史性纪实丛书，内容必须真实、准确，不得虚构；图文并茂，注意可读性；还制订了丛书的装帧设计方案和印刷技术标准等。

丛书作者都是年富力强、学有专长的本地学者。书稿重点突出地方特色，对辛亥革命中的全局性活动及跨界活动，不写或只作简单的交代。由本地学者写本地事件，有许多优点：史料搜集相对较易，除充分使用现存的文学资料外，作者还亲历有关历史遗迹，走访当事人及其后代，收集整理了不少口述史料，经认真考证后使用，使本书提供了较多新的资料。为了做到图文并茂，责任编辑协助作者查阅大量档案资料，找到不少以往鲜为人知的珍贵历史图片，为丛书增色不少。

总之，这是一部集体努力的产物，必须归功于人民出版社、各省人民出版社和当地专家学者。我所做的工作很少很少，由出版社邀约而承担了主编的名义，主要是表示对这项很有意义的工作支持和能够顺利完成的兴奋。我很希望各界学者能够充分利用这部丛书的成果，并且指出它的不足之处，以便把辛亥革命研究更有力地推向前进！

金冲及

目　录

CONTENTS

导　言

公元 1911 年 10 月 10 日，也就是清宣统三年八月十九日，武昌起义爆发。在随后的一个多月里，革命的烈火几乎燃遍了全国，各省纷纷宣布脱离清廷独立。81 天后，中华民国在南京宣告成立。又过了 42 天，清帝宣布退位，延续了两千多年的君主制度从此退出了中国的历史舞台，而"共和"从此引导着中国前进的方向，塑造并改变着人们的思想和生活。

这无疑是中国有史以来最重大的变革之一。中国自秦至清，尽管历代风尚各有不同，制度多有损益，但总体上保持了一致性，实行的都是君主制，"皇权"始终支配着人们的思想和行为。在两千多年里，对君主制度的批判虽然很多，要求变革的呼声也一直存在，但都是"体制内"的批评，所关注的无非是漕运、盐政、治水、治边、吏治之类的"体制内"的改良，对这一制度存在的合理性和必要性从未有过怀疑。直到 19 世纪后半叶，特别是第二次鸦片战争之后，中国在与西方的抗争中屡屡失败，并因失败感受到丧权辱国的切肤之痛，才有一部分中国人意识到，中国所处的国际环境已经改变，中国遭遇到几千年未有之大变局和几千年未遇之强敌。对君主制的怀疑产生了，"改制"的呼声出现了。也就是在这一背景下，西方的"共和"制度开始成为先进中国人所追求的共同理想和救国药方。

"共和"原本是一个古老的中文词汇，但现在却被赋予了全新的内涵，它被用来指称一种与君主政体相对应的政体。要"共和"，就必然会动摇现行的君主制度和社会秩序。对统治者而言，实行制度的变革往往是被动的、极不情愿的。晚清的统治者在内外压力下，不断进行着"自改革"：从最初的"师夷之长技"，到后来的"采万国之美法"，再到后来的"预备立宪"，力度日渐增强，范围日益扩大，于是新式企业建立起来了，学堂出现了，责任内阁组成了，宪法大纲公布了。尽管一切在朝着人们所希望的方向发展，但清廷在变革过程中所表现出来的迟疑和被动、在对外战争中表现出来的无能和懦弱、在内政方面表现出来的贪婪和残暴，都无法使国人相信它能把中国引上一条富强之路。尽管人们渴望秩序与和平，尽管很少有人愿意通过急剧的、暴力的革命方式去实现国家的变革，但残酷的现实迫使越来越多的人放弃和平改良的幻想，转而同情或支持革命。这样，随着清廷改革的深入，人们变革的要求不是得到了满足，而是变得更加强烈，于是越来越多的人走上了革命救国的道路，他们有一个共同的目标，那就是要在中国建立起一种西方式的共和制度。革命、共和，就这样成为历史的选择。

但是，共和大业的建立远没有想象的那么容易。在经历了无数次的失败之后，武昌起义成功了，中华民国建立了，中国实现了从"君主制"向"共和制"的转变。尽管后来的事实证明，民主共和在当时只具形式，但是民主共和的观念从此深入人心，中国走上民主共和的道路已是不可逆转。从世界范围看，这是亚洲出现的第一个民主共和国，从历史上来看，这是中国走向建立一个现代民主国家进程中迈出的重要一步，具有重大而深远的历史意义。现在，就让我们跟随历史的步伐，一起来探寻近代中国是如何走向共和的吧。

第一章 走向革命

Diyizhang

Zouxiang geming

在经历了差不多整个 18 世纪的"盛世"之后，中国开始出现衰败的景象。特别是到 19 世纪末，在帝国主义列强的步步进逼和国内民众愈演愈烈的反抗声浪的双重打击下，清王朝的统治已是摇摇欲坠了。从世界范围看，从历史上看，当政治败坏到难以维持正常统治的时候，当民众无法照常生活下去的时候，革命就是不可避免的了。晚清的统治者当然意识到了自身所面临的这种危机，从 19 世纪 60 年代起，他们就试图通过某些局部的、缓进的变革，来缓和日趋激烈的社会矛盾，阻挠和防止革命的发生。然而，当变革的闸门一打开，中国从此便进入了"变"的轨道。一旦进入变革——哪怕是微小的变革——的历史轨道，往下的发展就由不得统治者的意愿了。洋务运动之后不久，戊戌年出现了康有为、梁启超等维新派所推动的激烈变革。当康、梁的变法被慈禧太后镇压之后，不到三年，慈禧本人又不得不推出比康、梁更为激进的"新政"变革。慈禧"新政"施行的结果，使中国民族资本主义有了发展，中央和地方、国家和社会的矛盾进一步加剧，特别是涌现出来了一个新型知识分子群体。这一切意味着一场更激烈的变革，即革命的风暴已是近在眼前。晚清政局，就这样沿着从小变到大变，从缓变到激变的轨道向前发展，迎来了辛亥革命的风暴。

一、变革的开始

让我们从洋务运动说起。

从 19 世纪 60 年代开始的洋务运动是在经历了两次鸦片战争的打击之后出现的。1840 年，鸦片战争爆发。战争持续了两年多的时间，结果中国战败，被迫与英国签订了《南京条约》，中国的大门从此被打开。鸦片战争的失败，证明了中国政治上、制度上、观念上全面落后，非彻底改革无以自强。然而，当时的清政府并没有意识到世界的趋势和中国所面临的处境，朝野上下仍然沉浸在"天朝上国"的美梦之中，对外国仍存轻视之心。与此同时，西方殖民势力却不满足于他们在鸦片战争后所获取的权益。他们希望中国能增开通商口岸，并允许外国派使驻京，但都遭到清政府的拒绝。为此，英、法两国发动了第二次鸦片战争。侵略者占领了北京，火烧了圆明园，再一次用武力迫使清政府屈服。在经历了这一次的打击之后，清朝统治集团内部开始发生分化。一部分人仍然顽固不化，极端地仇外和排外。另一部分人则震惊于列强的"船坚炮利"，主张对列强妥协，创造一个和平的国际环境，同时学习西方的先进技术，进行"自强"。这部分人就是通称的"洋务派"，其代表人物有朝臣奕䜣、文祥，疆臣曾国藩、李鸿章、左宗棠、张之洞等。他们积极推动清廷在外交、军事、教育各领域的变革，洋务运动由是而起。

洋务运动的兴起，标志着清廷统治政策的方向性转变，这就是由原来的"闭关锁国"转向"守约自强"。所谓"守约"，就是要遵守与西方各国签订的条约，不再与西方各国对抗，而是尽力与西方合作。为此，1861年清廷专门设立了一个负责处理与各国外交及通商事务的专门机构——总理各国事务衙门。在此之前，中国并无近代意义上的外交机构，所有与外国相关的事务均由理藩院和礼部办理。总理衙门的设立，标志着中国近代新式外交的开始。在随后的几年间，清廷不仅接纳了各国派驻北京的使节，而且自己也往各国派驻使节。同治年间志刚、孙家毂之随蒲安臣出使美欧，是中国向外国派遣专使的开始，而光绪初年郭嵩焘、陈兰彬诸人分使英、美，是中国对外派遣驻使的开始，实际上也是中国主动融入世界的开始。

洋务运动的一个重要内容就是"自强"，而"自强"的核心就是创办新式企业。自19世纪60年代至90年代，洋务派在"自强求富"的旗号下，开办了一批军用工业和民用工业。其中著名的有江南制造总局、金陵机器局、马尾船政局、天津机器局、湖北枪炮厂、轮船招商局、开平矿务局、上海机器织布局、汉阳铁厂等。这些企业的建立，标志着中国现代化事业的启动。为了达到自强求富的目的，洋务运动还开始了教育文化方面的变革。一方面设立新式学堂，传授外国的语言文字和声光化电之学；另一方面是派遣留学生。1872年，清廷向美国派出了第一批留美幼童。虽然幼童留美的计划后来中断，但留学的风气却延续了下来。

洋务运动开始了新式外交，创办了新式企业，开办了新式教育。凡此种种，较之以前进步是非常明显的。然而此种进步与当时西方世界日新月异的变化相比较，则仍然相形见绌。19世纪60至90年代，正是世界性改革的时代。英国率先完成了工业革命；俄国完成了农奴制改革；美国通过南北战争完成了第二次资产阶级革命；德国、意大利等实现了国家统一；日本完成了维新变法。与这些国家相比，中国的变化仍然是小的。就像田径场上赛跑一样，中国虽然已经起步，但速度明显不如他人。中国与列强各国的差距不是在缩小，而是在进一步拉大。中国仍然落于人后，仍然不足以应付外力之侵凌。

第一批留美幼童（部分）

　　洋务运动被时人也被后人称为"同治中兴"。正是在洋务运动期间，太平天国被镇压下去了，捻军被消灭了，陕、甘等地的回民起义被平定了，一支号称亚洲第一的海军舰队建立起来了，中外也由对抗转变为合作了，的确出现了一片"中兴"景象。然而，这只是一种表面现象。由于洋务运动是在政治制度、意识形态不能根本变革的前提下进行的，这就决定了洋务运动具有浓厚的保守性。张之洞在后来写的《劝学篇》中提出的"中学为体，西学为用"的主张，就充分反映了他们当初办洋务的指导思想。洋务派是从旧官僚中分化出来的，他们引进西方技术，不是为了发展资本主义，而是要巩固旧的体制。事实上，秦汉以来沿袭下来的君主制度恰恰是阻碍中国资本主义发展的最大因素。洋务运动企图在旧框框里实现"自强"，这无异于空想。另一方面，由于洋务运动是外国侵略者侵华政策变化的产物，这就决定了洋务运动事事处处依赖洋人，具有半殖民地买办性特征。尽管有的兴办者不无摆脱外国控制的主观愿望，但旧官僚的腐朽本质，决定了他们没有能力摆脱对洋人的依赖。洋务派办的军工厂，不仅机械设备、原材料从外国运来，工程师、工匠从外国请来，甚至连执掌企业大权的正副监督也从外国"引进"。他们把办好洋务企业的希望完全寄托在洋人身上，而外国侵略者是不会让中国富强的，洋务运动的致命弱点就在于此，这注定了洋务运动不会成功。甲午一役，中国大败，彻底宣告了洋务运动的破产。它表明，旧的制度已经腐败，中国要实现富强复兴，就必须打破旧的体制，建立起一种新的社会制度。

其实，就在洋务运动期间，一些有识之士已经意识到了洋务运动自身所具有的局限性，一种新的危机意识和救国思路产生了，郑观应的《盛世危言》就典型反映了这一倾向。在时人都认为"中兴"到来的时候，郑观应却看到了"时势又变，屏藩尽撤、强邻日逼"的严重局面。郑观应认为，西方富强的根本，不在船坚炮利，而在其所实行的"议院"制度。在他看来，有了议院，"昏暴之君无所施其虐，跋扈之臣无所擅其权，大小官司无所卸其责，草野小民无所积其怨。"郑观应由此推论，中国要想富强，也必须组建议院，实行君民共主的政治制度。沿着这种思路走下去，西方式的"民主共和"制度，就这样进入了中国人的视野。

1894—1895年的甲午之战可以说是对洋务运动的一次总检验。战争给中国带来的屈辱是空前的，如果说在这之前中国还只是败给西方的列强，这一次可是败给了向来就没有被中国人放在眼里的东邻日本，这对中国人的刺激实在太大了，用梁启超的话说，就"像睡梦中着了一个霹雳"。[①] 战争给中国造成了严重的后果，中国被迫割让台湾、澎湖给日本，赔款白银二亿三千万两。当《马关条约》签订的

康有为像

---

① 梁启超：《五十年来中国进化概论》，见《最近之五十年——申报馆五十周年纪念》，上海书店印行。

消息传到北京时，恰好各省举人在北京参加会试。广东籍举人康有为联络各省举人，发动了著名的"公车上书"，提出了"拒和"、"迁都"、"练兵"、"变法"的主张。虽然此次上书并未真正实现，但"变法"的思想却传播开来。两年后，国事更加败坏，康有为又连续两次上书光绪帝，痛陈变法的必要性和紧迫性。他引波兰、安南、印度等国亡国的史实，吁请光绪帝效法日本明治天皇，进行变法。康有为强调指出，"能变则全，不变则亡；全变则强，小变仍亡。"中国只有速变、全变，才能救亡。

京师大学堂

1898 年（光绪二十四年）6 月 11 日，在康有为、梁启超等的推动下，光绪帝颁布"明定国是"诏，宣布变法维新。随后，一项项改革措施接连出台。政治方面，删改则例，裁汰冗员，澄清吏治，广开言路；经济方面，设立农工商总局，铁路矿务总局，开办实业，改革财政，奖励发明；文教方面，废八股，改试策论，开办京师大学堂，派人出国留学，设立译书局，准许自由创办报刊、组织学会；军事方面，设军工厂，编练新军等。然而，好景不长，变法很快遭到了来自慈禧太后方面的巨大压力。9月12日，光绪帝还颁布上谕，剀切布告变法之意，并令各省督抚将所有关乎新政之谕旨，迅速刊刻誊黄，切实开导。又令各州县教官详切宣讲，务令家喻户晓。两天后则风云突变，光绪帝"密诏"杨锐，称太后不欲将法尽变，若强行变法，帝位恐将不保。光绪要杨锐与刘光第、谭嗣同、林旭等商量对策，使新政能及时举行，又不致开罪慈禧。然而，还没等维新派布置妥当，慈禧太后已决定提前动手。光绪帝只得密令康有为等迅速出走，以免不测，以图将来。9月21日，政变发生。是日，西太后从颐和园还宫，将光绪帝囚禁于瀛台，同时下令捕拿康有为、梁启超及与新政有关的维新志士。康有为、梁启超无法在国内待下去了，只好亡命日本，而康广仁、杨深秀、杨锐、刘光第、谭嗣同和林旭六人则先后被捕，不久遇害。全国上下一时腥风血雨。

"六君子"遇害时的新闻报道

也就在政变发生当天，慈禧太后以光绪帝的名义发布上谕，宣告由她出来"训政"。她一方面废除康、梁变法期间所施行的新政，另一方面恢复被康、梁废除或已改变的旧政，复八股、禁报馆、捕主笔人、罢经济特科、停漕折，等等，结果除了铁路矿务总局及大学堂得以幸免外，其他一切都恢复了旧观。

康梁亡命日本，"六君子"被杀，新政措施被废除，从这个意义上说，由康、梁推动的这场变法运动失败了。但是，另一方面，维新变法的失败产生了两个意义重大且影响深远的结果。首先，变法失败后，国人"变革"意识不是消沉而是增强了。换言之，维新变法的形式虽然失败了，但变法的精神却流传了下来，并且愈益深入人心。这是因为，"变"是甲午战后中国历史发展的主议题。统治集团中的主要人物在经历了甲午战败的惨痛之后都开始严肃思考"变"的问题，有的当权者已经意识到，只有变法才能图存，不变则毫无出路。应该说，处于统治集团核心地位的慈禧太后和光绪皇帝都有变革的迫切愿望，但他们所希冀的变法与康、梁所追求的目标是有原则区别的。无疑，康、梁带有强烈的理想主义色彩，希望从官制改革和人事变革入手，进而建立起一种新的政治体制。对这种"改制"倾向，慈禧本能地表现出一种警惕和反对态度。但她也并不一味反对任何变革，而是希望在现有体制允许的范围内变法。事实上，在康梁事发之后，朝廷仍令讲求农工商务，京师大学堂也仍如前议，各省之裁汰冗员也无一人复官。因此，从本质上讲，维新变法运动期间两派的斗争，并不是"变"与"不变"的斗争，而是谁来变，怎么变以及变什么的分歧。所以，西太后虽然镇压了康、梁的变法运动，但却没有也不可能挡住"变法"前进的道路。"变法"仍然在一些地方和部门悄悄地进行。从普通民众一方来说，变法的失败也进一步激发了人们的政治热情，使人们更迫切地感到改革的需要。可见，"变法"的思想在维新变法失败后继续蔓延，并且普及到商人、士大夫和普通民众中去了，而且更为强烈。从这种意义上说戊戌变法没有失败。梁启超指出："戊戌维新之可贵，在精神耳！若其形式，则殊多缺点。殆犹大辂之仅有椎轮，木植之始见萌坼也。当时举国人士，能知欧美政治大原者，既无几人，且掣肘百端，求此失彼，而其主动者，亦未能游西域读西书，故其措置不能尽得其当，殆势使然，不足为讳也。若其精神，则纯以国民公利公益为主，务在养一国之才，更一国之政，采一国之意，办一国之事，盖立国之大原，于是乎在。精神既立，则形式随之而进，虽有不备，不忧其后之不改良也，此戊戌维新之真相也。"①梁启超是变法活动的主要人物之一，此番议论，十分中肯。

戊戌变法失败的另一个结果，就是启蒙思想的迅速传播，从而为后来的

---

① 梁启超：《康有为传》，转引自《康南海自编年谱》（外二种），中华书局1992年版，第243—244页。

革命播下了火种。戊戌变法前，康、梁也曾做过理论准备。但康有为的变法理论主要出自他的《新学伪经考》和《孔子改制考》二书，他所依赖的依然是传统的学术形式，这固然有他对减少变法阻力的考虑，也反映了他对用西学来进行启蒙的认识还不够自觉。变法失败后，维新派总结经验，终于认识到，"变法不变本原，而变枝叶，不变全体，而变一端，非徒无效，只增弊耳。"① 这里所说的"本原"，就是维新派常说的"民智民力民德"，在他们看来，强国必须从培养造就"新民"做起，于是他们的工作重点便转向开展社会启蒙上来。康、梁流亡到日本后，创办了《清议报》，继续宣传他们的维新变法主张，同时进行思想启蒙。《清议报》的宗旨，就是"主持清议，开发民智。"② 它所说的"主持清议"，就是猛烈抨击西太后主持下的朝政，鼓吹"尊皇"、"保皇"。它所说的"开发民智"，就是介绍并鼓吹西方社会政治学说，进行思想启蒙。其中最重要的，就是"倡民权"。资产阶级的自由平等、天赋人权的学说，正是《清议报》宣传的重点。他们把伸张民权同确立国权联系在一起，强调民权兴则国权立，民权灭则国权亡。然而，提倡民权必然会导致人们对皇权神圣的怀疑，并进而导致对现存政治秩序的怀疑。而这种怀疑，正是引导人们起来推翻君主专制制度的最初心理依据。

就这样，戊戌变法之后中国思想界出现两种趋势，一方面是变革意识的进一步增强，变革的要求越来越强烈，它推动统治者沿着变革的轨道继续向前滑行，一桩桩新事物萌生出来，它与旧的体制越来越势不两立，于是革命就成为不可避免的事情了。另一方面，维新派在戊戌政变之后几年间致力于思想启蒙工作，客观上引起了人们对王权和现存政治秩序的怀疑，为资产阶级革命思想的传播创造了条件，同时也就在许多人的心中播下了革命的火种。历史就是如此的无情，1898 年维新变法失败了，但它却成了后来辛亥革命爆发的远因。

二、民族危机进一步加剧

就在维新变法前后的几年间，列强加强了在中国的争夺，中国所处的国际环境更为险恶，亡国灭种的民族危机进一步加剧。

---

① 梁启超：《戊戌政变记》，见中国史学会主编《戊戌变法》（一），神州国光社 1953 年版，第293 页。

② 《本报改完章程告白》，《清议报》第 11 册，1899 年 4 月 10 日。

亡国的危机，源自《马关条约》。由于《马关条约》签订后，俄国与法、德两国一起，迫使日本将辽东半岛归还中国，所以中日战后，三国都要求中国给予回报。首先采取行动的是德国。德国早就想在中国建立一个海军基地，1897年11月，德国借口两名德国传教士在山东巨野被杀，出兵占领了青岛，随后强迫中国签订了《胶州湾租借条约》，租期99年，同时中国允许德国在山东省内修筑铁路和开采矿山，山东成为德国的势力范围。俄国同样想在中国取得一个不冻港。在1896年中俄签订的密约中，中国曾答应把胶州湾租给俄国，现在胶州湾被德国占领，于是俄国的注意力迅速转移到旅顺口。在德国人突入青岛不到一个星期的时候，俄国军舰就开到了旅顺口，中国因为与俄有密约在先，对此无法做出任何反抗，只好与俄国签订租借旅顺大连的条约，规定租期为25年，期满之后再由两国会商续租，同时准许俄国修筑从哈尔滨到大连的铁路，这样，整个东北成为俄国的势力范围。法国密切注视着俄、德两国的动作。当俄、德两国的目的达到后，法国立即在广州湾升起了法国旗，宣布中国已允许将广州湾连同附属岛屿租给法国，租期为99年。1898年5月，法国向中国提出签订租借条约，但直到1900年初，清政府才批准了《广州湾租借条约》，同时让给法国一项铁路权，法国在中国的权益大大加强。德、俄、法的行为固然不是英国所希望的，但是它也无力来阻止或推迟这种"瓜分"，它对此的反应就是自己也加入到"瓜分"中国的行列之中。当俄国有了旅顺大连的租借权后，英国认为俄国对北京的影响力将增强到损害英国利益的程度，因此极力想取得对威海卫的租借权。其时威海卫尚在日本占领之下，而德国又视山东为禁脔，英国要取得威海卫的租借权，尚需得到日、德两国的谅解。由于日本希望在远东有一个牵制俄国的力量，而德国也愿意看到英、俄之间的冲突，所以在得到了英国关于支持日本将来对中国的要求及绝不损害德国在山东的权益的保证之后，两国都对英国强租威海卫的要求给予了支持。这样，中英之间于1898年7月签订了《威海卫租借条约》，租期与旅顺、大连相同。①

列强除了要求租借地外，还要求中国划定特殊的势力范围。法国要求中国永不将海南岛让与他国，也不将与越南接壤的各省的全部或一部让与他国；英国要求中国政府保证不将长江沿岸各省以任何名义让与他国；日本则要求

① 参见［美］马士著，张汇文等译：《中华帝国对外关系史》第三卷，上海世纪出版集团、上海书店出版社2006年版；［美］斯塔夫里阿诺斯著，吴象婴、梁赤民译：《全球通史：1500年以后的世界》，上海社会科学院出版社1992年版。

中国保证不将福建的任何地方让与他国。而这些要求，也都得到了清廷的保证。当上述各国在"瓜分"中国时，美国正与西班牙争夺古巴和菲律宾，一时无暇顾及中国。当它战胜了西班牙并从西班牙手里夺取了菲律宾时，中国已基本上被瓜分完毕。在这种情形下，美国提出了"门户开放"政策，要求在中国角逐的列强各国保证在他们各自的"势力范围或利益范围"内，就关税、铁路运费及港口税等方面，不妨害他国国民的权利均等。这一原则后被各国所接受，美国也由此达到了保证它在中国的利益的目标。

时局图

　　本来，维新变法失败后，国内守旧势力开始抬头，而列强在中国掀起的瓜分狂潮，更进一步助长了中国国内守旧势力和排外势力的增长。一些守旧的官僚乘机煽动对外国人的不满情绪。在帝国主义侵略的刺激下，在一些朝廷保守派和地方统治者的默许乃至鼓励下，义和团运动爆发了。义和团原名义和拳，最初是集拳、教于一的秘密反清组织。1898 年后，义和拳开始改称义和团，其斗争的目标也由"反清复明"改为"扶清灭洋"，活动方式也由秘密转为公开。义和团也就由原来的反清秘密组织演变成以农民为主体的、具有广泛群众基础的反帝爱国组织了。义和团首先兴起于山东，之后蔓延到毗邻的直隶省，并迅速发展壮大。到 1900 年春夏之间，义和团开始进入京津地区，并继续向全国各地蔓延。团民所到之处，"挑铁路，把线砍，旋再毁坏大轮船"，斗争的矛头直接指向帝国主义。毋庸讳言，义和团对帝国主义的认识还停留在感性阶段，表现出笼统排外的倾向，对满清统治者的本质也认识不清，带有严重的迷信落后色彩，但义和团运动毕竟是在清王朝行将崩坏时，下层民众自发的伟大反帝运动，它直接打击了帝国主义和封建主义，动摇了它们在中国统治的根基，从这种意义上说是有利于中华民族建立现代国家的发展趋势的。

　　对于义和团运动，帝国主义列强曾不断警告中国当局，要求尽快加以剿灭。当时清政府态度暧昧，引起列强不满。各国于是决定以保护使馆侨民的名义出兵中国。1900 年 5 月 30 日，由英、法、俄、美四国公使组成的代表团前往总理衙门，通知中国政府，"不管中国政府的态度如何，各外国公使已决定调兵来北京。"[①] 6 月 12 日，英国舰队司令西摩尔率领由俄、美、英、日、德、法、意、奥八国组成的联军，从天津出发，向北京进犯。6 月 21 日，清廷向各国"宣战"。8 月 14 日，北京陷落。慈禧太后带着光绪帝仓皇逃往西安。

　　慈禧太后在逃经山西时，授权李鸿章为全权议和大臣，希望他尽快与列强和谈。列强各国清楚地意识到，完全瓜分中国是不可能的，他们仍需保留清政府，继续为他们服务，因此也决定议和，但各国之间在采取什么方式议和及提出哪些要求方面存在很大分歧。特别是在"惩凶"和赔款的问题上各国争论不休。而清廷为了尽快结束战争，尽量满足各帝国主义的各项要求。

---

　　① 《英国驻华公使窦讷乐致英外交大臣密件》，见复旦大学历史系编《中国近代对外关系史资料选辑》上卷第二分册，上海人民出版社 1977 年版，第 132 页。

12 月 22 日，各帝国主义国家提出《议和大纲》十二条强迫清政府接受。12 月 27 日，清政府电告奕劻、李鸿章，"所有十二条大纲，应即照允。"[①] 1901 年 9 月 7 日，英、俄、德、法、美、日、意、奥、比、西、荷 11 国公使与奕劻、李鸿章在《最后议定书》上签字。这就是空前屈辱的《辛丑条约》。条约规定清政府除惩凶、道歉、赔款外，还须削平大沽口至北京的所有炮台，允许各国在华驻军，等等。通过这个条约，列强可以对中国实行军事监督、政治控制和经济掠夺，中国的主权丧失殆尽，清政府沦为了"洋人的朝廷"。

八国联军军官在紫禁城宫门前合影

主权的丧失，使清政府人心大失，加之清政府为了支付巨额赔款，加紧了对人民的搜括，人民的生活变得极度困难，反清革命的思想迅速传播开来。正如孙中山所说："八国联军之破北京，清后、帝之出走，议和之赔款九万万

---

① 复旦大学历史系编：《中国近代对外关系史资料选辑》上卷第二分册，上海人民出版社 1977 年版，第 147 页。

两而后，则清廷之威信已扫地无余，而人民之生计从此日蹙。国势危急，岌岌不可终日，有志之士，多起救国之思，而革命风潮自此萌芽矣。"① 可见，庚子国变实是国人心理转变的关键，因而也是清王朝灭亡的一大关键，国人由失望而愤怒，由愤怒而革命，清王朝的覆灭已为期不远了。

上谕

三、"新政"与旧秩序的动摇

经过八国联军战争打击的清王朝，已弱不禁风，岌岌可危，完全不能照

① 《孙中山全集》第六卷，中华书局 2006 年版，第 235 页。

旧统治下去了。为了从危机中解救自己，延长统治寿命，必须再次打出"变法维新"的旗帜。20 世纪初，慈禧"新政"的出笼，正是基于这种原因。1901 年 1 月 29 日，当时还在西安的慈禧太后就以光绪皇帝的名义发布"变法"上谕。上谕严厉批评了此前学习西法仅注意语言文字、制造器械的倾向，明确提出要学习西方的本源，即制度。上谕要求各军机大臣、大学士、六部九卿、出使各国大臣、各省督抚，"各就现在情弊，参酌中西政治，举凡朝章国政史治民生学校科举军制财政，当因当革，当省当并，如何而国势始兴，如何而人才始盛，如何而度支始裕，如何而武备始精，各举所知，各抒所见，通限两个月内悉条议以闻，再行上禀慈谟，斟酌尽善，切实施行。"①

　　就在三年前，慈禧太后还血腥镇压了康、梁的变法运动。而此时她又高唱起变法来了，也是事出必然。前面已经说过，"变"是 19 世纪中叶以来，特别是甲午战争以来中国历史发展的主题，统治集团中的主要人物包括慈禧在内都在借助"变"来解决问题。三年前她镇压康、梁变法，是因为她在变什么、如何变等原则性问题上与康、梁有严重分歧。在慈禧看来，清朝的根本制度不可变，"可变者令甲令乙"，所以上谕讲"皇太后何尝不许更新"，又讲康梁变法，"乃乱法也，非变法也"。她如此急切地表明自己变法与康梁变法之不同，一方面是为自己找一个体面的借口，另一方面也表明，"变"是不可阻挡的历史潮流。

　　当然，更重要的，此次"变法"是庚子事变后内外压力的必然结果。经过义和团运动和八国联军占领北京的冲击，清廷处于风雨飘摇之中，政治败坏，军备废弛，民生凋敝，各地人民的自发反抗斗争仍然接连不断，再不变法，清廷也无法照常统治下去。另一方面，各帝国主义国家在惩罚了清政府之后，又不断督责清廷进行改革，以确保各国在华利益的实现。在这种内外压力之下，清廷不得不实行"新政"。

　　1901 年 4 月，清廷设立督办政务处，任命庆亲王奕劻，大学士李鸿章、荣禄、昆冈、王文韶，户部尚书鹿传霖为督办政务大臣，刘坤一、张之洞为参预。不久，刘坤一、张之洞联名上奏，就兴学校、整顿中法、采用西法诸端提出详细的主张。在这之后的几年间，清政府颁布了一系列实施"新政"的上谕，其主要内容有：（一）整顿吏治。如裁撤书吏，禁止捐官，实行官吏考核制度，等等。（二）改革官制。其中最重要的是改总理衙门为外务部，班

---

① （清）朱寿朋编：《光绪朝东华录》第四册，中华书局 1958 年版，总第 4601—4602 页。

六部之前，任命奕劻为总理大臣。（三）废科举、兴学堂。自 1905 年 9 月 2
日起，所有乡会试一律停止，各省岁科考试亦即修正，其以前之举员生员分
别量予出路。（四）振兴商务、开发实业。设立商部，改革财政。（五）编练
新军。包括停止武科，设练兵处，编练巡警，等等。这些就是清廷此次"新
政"的主要内容。其中多项措施是戊戌变法时康梁想做而没有做到的。如裁
汰冗员、奖励实业、废除八股、编练新军等。慈禧曾一度把它们废除，现在
又重新搬了出来。应该说，这些措施就其本身而言，都是进步的。

清廷此次变法的本意，原是振衰起弱，从此"富强"，外则讨好洋人，内
则消弭革命；然而推行的结果，非但没能巩固其自身的统治，相反却加速了
革命的到来。时人指出，"我国今日之新政，固速乱之导线也。十年以来我国
朝政上下莫不奋袂攘臂，嚣然举行新政。兴学堂也，办实业也，治警察也，
行征兵也，兼营并举，日不暇给，然而多举一新政，即多增一乱端，事变益
以纷挐，国势益以抢攘。"① 何以改革却加速了革命的到来？这是因为，一方
面，清廷此次新政，毕竟是一次迟到的改革，它发生在清王朝的衰败时期，
事实上也是整个君主专制制度处于衰败的时期。历史经验证明，处于上升时
期的统治阶级，其改革的措施往往能巩固其自身的统治，而处于没落时期的
统治阶级，其改革的措施常常会危及其自身的统治，此时的统治阶级，不改
革不行，改革也不行，甚至更不行。托克维尔在分析法国大革命的起因时说，
"对于一个坏政府来说，最危险的时刻通常就是它开始改革的时刻。"这是因
为，"人们耐心忍受着苦难，以为这是不可避免的，但一旦有人出主意想消除
苦难时，它就变得无法忍受了。当时被消除的所有流弊似乎更容易使人觉察
到尚有其他流弊存在，于是人们的情绪便更激烈。痛苦的确已经减轻，但是
感觉却更加敏锐。"② 清廷在改革之前，其腐败无能的面目已暴露无遗，其没
落衰败的趋势已无可挽回，改革已经于事无补。人们所希望的，是一种激烈
的、要清廷"命"的"变革"。

另一方面，清廷此次"新政"，所推行的种种措施，无论其主观动机如
何，客观上都从根本上动摇了传统的社会政治秩序。随着一系列新政措施的
实施，传统的政治社会秩序开始解体，中国社会内原本存在的中央与地方、
国家与社会（或者说官权与民权）之间的矛盾进一步加剧了。

---

① 长舆：《论莱阳民变事》，《辛亥革命前十年间时论选集》卷三，生活·读书·新知三联书店
1977 年版，第 654 页。
② ［法］托克维尔：《旧制度与大革命》，商务印书馆 1996 年版，第 210 页。

中国自秦至清两千余年基本上维系着大一统的中央集权政治秩序。进入清代后，这种中央集权制更是高度发达。在清朝前中期，中央对地方官员，尤其是督抚等封疆大吏予以严密控制和监视，督抚的任免权完全操诸皇帝，督抚的权限也极为有限，他们不掌握兵权，在人事、财政、司法等关键问题上也无最后决定权，一切由中央裁断。这种格局，到19世纪中叶后才开始发生变化。太平天国起义可以说是清代中央与地方力量消长的一个关键事件。太平天国起义爆发后，由于清廷原有的八旗、绿营无力应付这支强大的农民武装，清廷不得不依靠以团练为基础的地方武装来对付太平军。这样，曾国藩的湘军和李鸿章的淮军等地方性私人武装乘势而起。曾、李也因之先后被任命为两江总督。由于他们掌握了军权，清廷允许他们就地筹饷。这样，原来掌管地方财政并直接听命于中央政府户部的藩司转而受制于督抚，中央政府失去了对地方财政的绝对控制权。军权与财权是最为重要的两大权力，地方一旦拥有了这两种权力，就有可能形成与中央分庭抗礼的局面。只不过当时的地方实力派人物并无对抗中央的意图。洋务运动时期，一些地方派人物的势力得到进一步的加强，政治上的离心倾向也开始抬头。庚子事变时，两江总督刘坤一、湖广总督张之洞无视清廷对列强"宣战"的上谕，与各列强搞起"东南互保"来。虽然此举得到清廷的默许，但实际上也是清廷无力控制该地区的一种反映。长江流域各督抚与清政府的离异趋向更为明显，于是造成了政府无权督抚有权的现象。

地方势力的增强也引起了清政府的注意。于是在"新政"期间，清廷借改革之机，试图收回部分权力，以削减地方权力。如以袁世凯患有足疾为由，将其开缺回籍，同时任命载沣为全国海陆军统帅，以图控制军权；规定各省拨动款项均须由户部核定以控制财权；将开矿、修路等权收归中央统一管理以控制路政大权；等等。不过，清廷的这种做法非但没有巩固中央集权，相反却使中央与地方的矛盾日益尖锐，加剧了地方势力对清廷的离心倾向。到清末，清朝名义上还维持着中央集权式的统治，实际上分崩离析的局面已经形成。这也是为什么武昌起义一爆发，各省迅速宣布独立的一个重要原因。

在中央与地方矛盾加剧的同时，国家与社会的矛盾，或者说官权与民权之间的矛盾也进一步加剧，其中最突出的表现，就是公共领域的扩展和士绅权力的壮大。

公共领域是既非个人又非官方而处于两者之间的社会领域。在西方各国，从传统社会向近代社会过渡的过程中，公共领域的发展成为市民社会的重要基础。在中国，传统的公共领域有社仓、义仓、祠庙、会馆、善堂等，它们的功能主要局限在救济和慈善事务。进入 20 世纪以后，一些新的公共领域产生了，如商会、学会。公共领域的功能也发生了变化，从原来的救济和慈善扩展到社会经济、社会教育和社会文化管理等方面。商会可以说是 20 世纪初出现的一个最有代表性也最具影响力的公共领域。商会于 1904 年由商部奏请开办，其最初的动机是团结本国商人以与外商对抗。商会的职能主要是保护商人利益，受理商事纠纷；但后来商会介入了立法和司法领域，成为脱离国家直接控制和干预的社会自治领域。正是因为如此，有些学者认为商会已具备市民社会的基本特征，并进而认为 20 世纪初期的中国实际上已经孕育萌生出市民社会的雏形。[①] 关于近代中国是否出现过西方那种典型意义的市民社会，目前仍是学术界争论不休的问题。但不管结论如何，清末公共领域的发展则是不争的事实。公共领域的发展，激发了人民参政议政的热情，并进而影响了人们思想观念的变化，为辛亥革命的爆发准备了条件。

与公共领域扩展相辅相成的另一引人注目的现象，就是士绅阶层社会地位的变动。士绅一直是中国传统社会中在民间起主导作用的群体。他们的地位通常是通过取得功名、学品、学衔和官职而获得。传统绅士的职责是保护和增进家乡的福利。在政府官员面前，他们代表本地利益，他们承担了诸如公益活动、排解纠纷、兴修公共工程，有时还组织团练和征税等许多事务，他们在文化上的领袖作用包括弘扬儒学社会所特有的价值观念以及这些观念的物质表现，诸如维护寺院、学校和贡院等。据估计，在 19 世纪后半叶，这一阶层的总人数为 144 万，连同其家属约 720 万人。[②] 在清代前期，清王朝主要通过保甲制度以制约士绅在地方社会中的影响，但是到了清代后期，尤其是在咸同之际，随着地方团练组织的发展和清王朝中央集权力量的衰微，形成前所未有的"绅权大张"之势。到了清末的最后几年，士绅已成为与皇权抗衡的重要力量。

士绅阶层的力量在清末新政之后得到进一步壮大。清末在政治体制上所做的一系列改革，给予了地方和民间更多的政治自由，一定程度上增加了社会活力。特别是谘议局的设立，为士绅阶层直接进入政治层面打开了方便之门。从各省谘议局第一届选举结果来看，绅士占大多数，谘议局几乎成了士

---

① 朱英：《关于晚清市民社会研究的思考》，《历史研究》1996 年第 4 期。
② 张仲礼：《中国绅士》，上海社会科学出版社 1991 年版，第 111 页。

绅阶层表达意见的机构。士绅取得了政治上的发言权。他们的社会地位与经济地位都发生了变化，士绅阶层也发生了分化。一部分仍然固守原先的政治信念和理想；一部分转向开明，主张立宪，虽然他们仍反对革命，但是对清政府的不满情绪和离弃倾向在清末的最后十年间不断强化。原来互相协调的官绅合作的局面不复存在。官方与民间的矛盾进一步激化。清王朝渐渐失去极为重要的统治基础，士绅在不自觉中扮演了革命军同盟者的角色。清王朝的最终覆灭与士绅阶层的反叛是紧密相连的。

两种矛盾的加剧表明，清王朝的统治基础已经破坏，其灭亡的趋势已是无可挽回了。恰如孙中山所说："满清王朝可以比作一座即将倒塌的房屋，整个结构已从根本上彻底地腐朽了，难道有人只要用几根小柱子斜撑住外墙就能够使那座房屋免于倾倒吗？"[1] 然而，推倒这座房子，还需要一支新的社会力量来领导。就在清王朝风雨飘摇的最后十几年间，一种新型的社会政治力量逐渐产生、成长、壮大起来了。

四、新型社会力量的出现

新型社会政治力量的出现，有赖于中国社会经济的转型。1840 年鸦片战争改变了中国社会的发展进程。随着外国资本主义的相继入侵，中国被卷入了世界资本主义市场，中国的封建经济结构渐趋解体。19 世纪 60 年代以后，清廷发起"自强"运动，洋务派兴办了一批军用工业，这是中国人最早经营的近代工业，但这批军用工业带有强烈的封建色彩，并不具备资本主义生产性质，它顶多是一种官僚资本的最初形态。中国真正的民族资本主义近代企业产生于 19 世纪 70 年代。那时，一部分商人、地主和官僚开始投资于新式工业。首先出现的是船舶修造业、缫丝业，继有火柴、造纸、印刷等行业的兴起，之后又有采矿、交通、纺织、冶炼等行业出现。这些企业虽然规模小、资金少，但都采用雇佣劳动，产品主要用于交换，以赢利为目的，因而已是资本主义性质的近代企业。这是中国新型社会力量出现的前提。

甲午战争后，中国出现了有利于资本主义发展的舆论和政策的宽松环境。甲午战争的惨败，使中国朝野上下都进行了反思，许多人认为，中国之所以不敌日本，其重要原因乃是中国积贫积弱，而积贫积弱的缘由则是工商业的

---

① 孙中山：《中国问题的真解决》，《孙中山全集》第一卷，中华书局 2006 年版，第 254 页。

不发达。所以中国欲自强，就必须大力发展工商实业。另一方面，《马关条约》允许外国在华投资办厂，民族工业面临巨大威胁，许多人对此深感忧虑，纷纷要求政府采取对策，设法补救，以保利权。在这种舆论背景下，清廷不得不开始重视发展工商业。1898年在维新派的推动下，清政府接连颁布一系列振兴工商业的政策和措施。戊戌政变后，一些发展工商业的措施被废除，但清政府推行发展工商业的政策并未中断。① 20世纪初，清廷再次推行"新政"，进一步实施振兴商务、奖励实业的政策。清廷的这种做法，客观上促进了中国资本主义的发展。

除了工业资本以外，商业资本和金融资本也在这一时期有初步发展。以金融业为例，在甲午战争以前，一些具有资本主义性质的金融机构已在中国出现，但均为外国资本集团所设，中国自己的金融机构仍主要是具有封建高利贷性质的传统票号与钱庄。中国人自己开设的银行是1897年创办的中国通商银行，虽说这个银行是"商款商办"，但实际上却是"不官不商，亦官亦商；不中不西，亦中亦西。"② 自1897年通商银行设立后到1911年，官办式商业银行又设立了十余家，其中较重要的有户部奏请设立的交通银行、浙江兴业银行、信成银行、四明商业储蓄银行等，另外还有浙江、广西、直隶等省由官银号（局）改成的一省银行。

中国资本主义的发展导致中国资产阶级的成长壮大。由于中国资本主义对外国资本主义和本国封建主义具有很强的依赖性，中国的资产阶级也相应具有这种特点。中国资产阶级的来源与欧洲不同。欧洲最初的资产阶级分子是从城市的市民中发展出来的，和封建主义没有什么联系，较少封建性。中国的资产阶级分子则大量是由官僚、地主和买办演变而来。这种情况决定了中国资产阶级与帝国主义和封建主义有密切联系。由于他们与帝国主义和封建主义的亲疏关系不同，他们表现出来的政治倾向也不一致。一部分从大地主、大官僚和大买办转化而来的资产阶级是民族资产阶级的右翼，他们与帝国主义、封建主义联系较多，在政治态度上表现出较多的妥协性；那些从中小商人或手工业作坊主转化而来的资产阶级，一般说来与帝国主义和封建统治势力没有关系或关系较少，他们是民族资产阶级的左翼，在政治倾向上表现出较强的革命性。但不管是左翼还是右翼。它们都存在很明显的软弱性。

---

① 朱英：《明清经济政策与改革措施》，华中师大出版社1996年版，第18页。
② 许涤新、吴承明主编：《中国资本主义发展史》第二卷，人民出版社1990年版，第684页。

商办企业股票

毛泽东认为：这是他们从娘肚子里带来的老毛病。[1] 尽管如此，资产阶级毕竟是一种新型的社会力量。随着它的力量逐渐壮大，必然会提出其政治上的要求，这就为辛亥革命的爆发准备了阶级基础。

晚清新型社会力量中还有一支不可忽视的力量，就是新式知识分子群体的出现。这种新式知识分子同样是清廷自己制造出来的。最早的新式知识分子出现于洋务运动时期。当时洋务派为了培养懂得洋务的人才，兴办了一些洋务学堂，如同文馆、方言馆、船政学堂、水师学堂、武备学堂、铁路矿务

① 毛泽东：《论反对日本帝国主义的策略》，《毛泽东选集》第一卷，人民出版社 1991 年版，第 147 页。

北京同文馆

学堂等，还向国外派遣了留学生。这些洋务学堂的学生接触到一些西方的科学技术知识，与传统的士大夫相比，他们的知识结构已有一些新的变化，但就总体而言，洋务学堂所培养出来的学生，在思想观念上还未摆脱传统士大夫的范畴，而且人数很少，尚不成规模。完全新型的知识分子群体出现于20世纪最初的几年间，这一方面是受西学东渐的影响，另一方面也是清廷推行新政、实施教育改革的一个必然结果。西学在中国的传播最早是天文历算之学，之后是制枪造炮的技术，而甲午战争之后，西学的范围大大扩展，几乎囊括了政治、经济、法律、科学、技术等各个方面，知识分子接触西学的范围越广，其近代化特征也就越明显，这是新式知识分子实现群体转型的前提；而清末的教育改革，则使知识分子的转型成为可能。首先，废科举堵塞了传统士子通过科举获得功名的途径，使他们不得不进新式学堂或出国留学；其次，新式学堂的设立，导致传统的教学内容与教学方法都发生了改变，成为新知识传播的重要基地；再次，派遣留学生，使西学在中国的传播和影响更深更广。据统计，1902年全国新式学堂的学生人数为6912人，1905年增至

258,876 人。到 1909 年，全国新式学校总数达 52,348 所（不含教会、军事学校）、学生人数达 1,638,884 人，如果加上教会学校与军事学校的学生，总数约在 170 万—180 万人左右。到辛亥时期，国内学生数约为 300 万人。为 1905年的 12 倍。[①] 同时留学生的人数也急剧增长。其中以留日学生居多，1896 年留日的人数只有 13 人，1901 年急增到 280 人，此后每年递增，1905 年、1906年两年均达 8,000 余人。[②]

1907 年即将赴日学习的山西大学堂学生及教习（部分）

这些新式学堂的学生和留学生普遍有了一种使命感，一种新的自觉，这种自觉突出地表现在他们政治意识的觉醒。他们都怀有一腔炽热的救国热情（当

---

① 桑兵：《晚清学堂学生与社会变迁》，学林出版社 1995 年版，第 146—149 页。
② ［日］实藤惠秀：《中国人留学日本史》，生活·读书·新知三联书店 1983 年版，第 39 页。

然也不排除有少数利禄之士），都对现存的制度深怀不满，又都把西方当作学习仿效的楷模，这些共性是构成其群体意识的基核。同时，新型知识分子也希望通过群体的联合来增强自身的能量，扩大社会影响，以进而实现他们的救国理想。在群体意识的推动下，20世纪最初的几年间，以新式学生为主体的知识社团大量涌现，据不完全统计，1901—1904年间国内先后建立各种新式社团271个（不含分会），[1] 从地域上看，他们主要集中在江浙、上海地区。在日本的留学生也组建了一些社团，如励志会、国民会、开智会、青年会等。这些社团兴学育才、发行报刊、集会演说，在传播新思想新观念方面起了很大的作用。后来的事实表明，辛亥革命基本上是由新式知识分子推动起来的，他们先从会党入手，继而运动学界，继又打入新军，终于促成了革命的爆发。

五、早年孙中山

早年孙中山

毛泽东曾经说过，中国完全意义上的资产阶级民族民主革命，是从孙中山开始的。的确，在19世纪末20世纪初，当大多数的中国人还是希冀通过改良的方式拯救祖国于危亡的时候，孙中山便开始了革命救国的伟大尝试，他是宣传革命并躬行革命的先行者。

孙中山，1866年10月21日出生于广东省香山县翠亨村的一个农民家庭。幼名帝象，稍长名文，字日新，后改逸仙，因从事秘密活动，曾化名中山樵，辛亥革命后国内始称孙中山。由于家境贫困，孙中山6岁起便开始参加劳动，或上山打柴，或拾取猪草，或替人放牛。9岁的时候，孙中山进

---

① 桑兵：《清末新知识界的社团与活动》，生活·读书·新知三联书店1995年版，第275—276页。

村塾读书，正如当时所有读书人一样，他接受的也是传统的教育，所习功课有《三字经》、《千字文》、《幼学故事琼林》以及"四书五经"选读等。也就是从这个时候起，孙中山开始思考起人生的大问题。他对自己的境遇感到不满。他自谓当他能够独自思索的时候，脑海中首先发生疑问，就是怎样才能脱离这种境遇的问题。①

孙中山的境遇在1879年发生了重大改变。是年9月，他结束了在村塾的学业，随母亲到了檀香山。那时，孙中山的哥哥孙眉已经在檀香山立住了脚跟，积聚了一些资本，并开设了自己的商店和牧场。开始时，孙中山在孙眉的店中帮助店务。不久，孙眉把他送进了火奴鲁鲁奥兰尼学校（Iolani College Honolulu）学习英文。该校系英国圣公会史泰利主教（Bishop Staley）于1862年创立，1872年由韦礼士主教（Bishop Willis）接办。韦礼士为了使该校的中国学生皈依上帝，有计划地安排了一些宗教课程。孙中山很快对基督教表现出了强烈的兴趣。他除了平日功课外，还笃诚地参加各种宗教的聚会和课程，并且准备受洗入教。这使孙眉大为恼火。孙眉认为，"只有中国的教化最好，除了中国的教化以外，无论什么教，都是不正派，都要反对的。"② 于是，1883年，孙中山又被遣返回了翠亨老家。不过，在檀香山的这几年经历对孙中山的影响还是很大的，特别是西校的教学方法给他留下了很深的印象，而改良祖国的愿望也由此萌生。

孙中山"改良祖国"的愿望在随后的几年间越来越强烈。回乡后，他积极投身到改良乡政的活动中去。他的一些意见，如改修道路，在街上点夜灯，夜间巡逻等均被采纳。同时，孙中山还经常向村民讲述在夏威夷的见闻，抨击清政府的腐败。1883年秋，他与陆皓东一起毁坏了村中北极殿神像，这一下，他再也无法在村中待下去了，只好离乡背井去了香港。

1883年11月，孙中山入香港拔萃书室（Diocesan Home，Hong Kong）读书，但不到两个月的时间，他就退了学。翌年四月，他转学至香港中央书院（The Central School）。但不久，他就又退出了该校，回乡与同县外堂村卢耀显之女慕贞结婚。之后又再赴檀香山。孙中山此次在香港的短暂求学时光，所学到的知识远远没有香港给他的直观印象对他的影响更大。当他抵达香港后，香港的市镇建设、社会秩序、官员作风等方面都给他留下了深刻的印象，也

---

① 陈锡祺主编：《孙中山年谱长编》上册，中华书局1991年版，第11—12页。

② 陈少白：《兴中会革命史要》，见中国史学会编《辛亥革命》（一），上海人民出版社1957年版，第22页。

进一步强化了他"改良祖国"建设一个"良好之政府"的愿望。

孙中山第二次去檀香山的时间非常短,他不愿留在檀香山,主要是因为他对做生意毫无兴趣,而且无法忍受孙眉对他的责打,因此决意再回国求学。1885年4月,孙中山自檀香山归国,8月往香港中央书院复学,一年后他从中央书院毕业。此时,孙中山面临着一个选择职业的问题。他原本希望中学毕业后学习陆军、海军或法律,但均未能实现。最后决定习医。后来,孙中山经人介绍进了广州博济医院(Canton Hospital)学医,课余期间,他还专门请了一位国文老师,给他补习传统的经史之学,一年后,他转学香港西医书院(The College of Medicine for Chinese,Hong Kong)。当时,李鸿章是该校的名誉赞助人,康德黎(Dr. J. Cantlie)任该校教务长,著名改良主义思想家何启任该校名誉秘书。这三个人对孙中山的思想都产生过不同程度的影响。此外,孙中山还结识了一批志同道合的朋友。其中著名的有陈少白、尤列、杨鹤龄,他们与孙中山一起通常被人称为"四大寇",他们在一起经常高谈"革命"。

1888年,孙中山与友人陈少白、尤列、杨鹤龄、关心焉合影

孙中山在港求学的这段时间，其思想倾向主要还是改良的。"四大寇"所谈的"革命"实际上就是一种改良政府的主张，但在当时的社会环境里，已是非常激进的了。孙中山所讲的"革命"，其实只是造反的同义词，还不是后来那种自觉的推翻现存社会制度并建立一种新的社会制度的革命。在香港求学期间，孙中山的主要精力还是用于学习，事实上也是在为实现他"改良祖国"的愿望做准备。据他的老师康德黎博士说，孙中山在香港学医期间，除了研习医科之外，还"研究国际法、军事学、海军建设、各种财政学、国政、各种派别的政治学"。① 可见，此时孙中山主要致力于寻求一条强国富民之路，其"改良祖国"的理想已越来越清晰了。

1892 年 7 月，孙中山从香港西医书院毕业。毕业后在澳门、广州两地行医。虽然他的医术很高，求治者颇众，但是，此时孙中山的思想已经有了新的变化，他认为"改良祖国"还是要从政治入手，因此决计抛弃其"医人"的生涯，而从事于"医国"的事业。但是，怎样"医国"呢？孙中山也觉茫然。那时国内主张维新变法的人渐渐多了，受此影响，孙中山试图寻找一条改良祖国的道路。1894 年年初，他抛开了广州药店的事务，回到翠亨老家关起门来起草上李鸿章书。上书中孙中山具体阐述了他的主张，即人尽其材，地尽其利，物尽其用，货畅其流。孙中山把这四项措施当作"富国之大经，治国之大本。"并明确指出洋务运动唯坚船利炮是务的做法，是"舍本而图末"。这显然是一种有别于洋务思想的早期改良思想。这表明孙中山的思想又向前进了一步。

孙中山对这次上书抱有极大的希望，他极可能想借此机会投身到上层的改良派中去。在上书的最后，孙中山向李鸿章表明了他对未来的打算。他说："文今年拟有法国之行，从游其国之蚕学名家，考究蚕桑新法，医治蚕病，并拟顺道往游环球各邦，观其农事。如中堂有意以兴农政，则文于回华后可再行游历内地、新疆、关外等处，察看情形，何处宜耕，何处宜牧，何处宜蚕，详明利益，尽仿西法，招民开垦，集商举办，此于国计民生大有裨益。所谓欲躬行实践，必求泽之霑沛乎民人者此也，惟深望于我中堂有以玉成其志而已。"②

让我们设想一下：如果李鸿章接见了孙中山，也接受了他的建议，资助他出洋考察农政，那会是一个什么样的结局呢？当然，历史不容许假设，事实是，

① 陈锡祺主编：《孙中山年谱长编》上册，中华书局 1991 年版，第 59 页。
② 孙中山：《上李鸿章书》，《孙中山全集》第一卷，中华书局 2006 年版，第 18 页。

1894 年孙中山在其老家翠亨村的书房草拟了《上李鸿章书》

李鸿章拒绝接见孙中山，这使孙中山感到改良的道路走不通，从而促使他走上暴力革命的道路，实现了他从改良到革命的转变。粗看起来，这种转变似乎属于偶然，但仔细分析它却是必然的。因为自中法战争以来，由于清政府的昏庸腐败，致使国运日衰一日，民族危机空前严重。看到这一切的孙中山"改良祖国"的心愿十分急迫，对清朝统治者的失望越来越大。上书李鸿章，是他寄希望于晚清当权者自上而下变革挽救中国的最后一次尝试。一旦受挫，就义无反顾地转向推翻清王朝的革命道路。从天津回上海后，他没有去法国，也不再关心什么蚕桑，而是去了檀香山，在那里他组建了以推翻清政府为目标的中国第一个资产阶级革命团体兴中会，开始了他的职业革命生涯。

第二章 立会建盟

Dierzhang

Lihui jianmeng

当孙中山开始革命时，他是孤独的，在国内他几乎找不到志同道合的人，于是他去了檀香山，在那里他组建了中国第一个资产阶级革命团体兴中会，随后就发动了第一次以推翻清王朝建立共和国为目标的武装起义。起义失败后，孙中山流亡海外，不料在伦敦被清廷捕获。在多方的努力下，孙中山最终获释，这一事件不仅没有使孙中山放弃革命的理想，相反却使他更加坚定地走上了革命的道路。进入20世纪后，革命救国的道路为越来越多的人所接受，留学日本和欧洲的学生也纷纷转向革命。在他们的宣传、推动和组织之下，涌现出了华兴会、科学补习所、光复会等一批革命团体，最后这些团体又联合成为一个统一的革命团体——中国同盟会。这一切标志着中国资产阶级革命派已经形成，中国的资产阶级革命从此有了自己的领导力量和中坚力量。

一、兴中会锋芒初试

1894年秋，孙中山到檀香山，联络同志，筹款起义。他首先说服的就是他的哥哥孙眉。孙眉愿意拿出一部分财产来资助，而且还劝说在檀香山的华人支持孙中山。但是当时华侨风气尚极闭塞，听说是要造反，都不愿意参与。孙中山多方游说，奔走逾月，仅得同志数十人。孙中山就在这数十人的基础上开始了立会建盟的尝试。

1894年11月24日，孙中山和他的追随者在卑涉银行（Bishop Bank）经理何宽的寓所举行会议。会上，孙中山提议成立一个组织，并且为这个新成立的组织定名为"兴中会"，取"振兴中华"之意。随后，孙中山主持了会员的入会仪式，他令各会员填写入会盟书，其内容为："联盟人×省×县人××，驱除鞑虏，恢复中国，创立合众政府，倘有贰心，神明鉴察。"宣誓时由李昌诵读誓词，各以左手置圣经上，举右手向天依次宣誓。会议还通过了由孙中山起草的兴中会章程，章程第一条明确阐述了兴中会的宗旨："是会之设，专为振兴中华，维持国体起见。盖我中华受外国欺凌，已非一日。皆由内外隔绝，上下之情罔通，国体抑损而不知，子民受制而无告。苦厄日深，为害何极！兹特联络中外华人，创兴是会，以申民志而扶国宗。"①

檀香山兴中会会员秘密宣誓的地方

兴中会成立之时，正是中日战争正酣之际，清军节节败退，给了无数中国人一个很深的刺激。兴中会的章程中所讲的"辱国丧师"、"剪藩压境"、"不齿于邻邦"、"被轻于异族"皆是就当时中日战争的情形而发。章程中所说的"维持国体"，其含义也就是维护国家的独立和尊严。章程虽然批评清政府"因循苟且"、"庸奴误国"，但从宣言的字面看没有明确提出推翻清朝的主张，整个基调是温和的。这很大程度上是出于策略上的考虑，一方面是为了躲避清政府的追查，一方面也是为了争取更多的会员。

---

①　孙中山：《孙中山全集》第一卷，中华书局2006年版，第19页。

檀香山兴中会成立后，发展缓慢。因风气未开，人心锢塞，鼓吹数月，应者寥寥。为了筹集经费，兴中会除收会底银外，另设股份银，规定每股 10 元，革命成功后收回本利百元。但筹集到的经费仍然很少，据统计，从 1894 年 11 月 24 日到 1895 年 6 月 2 日，共有 114 名会员交来会底银 228 元，股份银 1100 元，共 1328 元。幸得邓荫南、孙眉二人倾家相助，方得美金 6000 余元。

尽管在檀香山的筹饷起兵计划进行得并不顺利，但当时国内的形势却对清廷极为不利。清军在与日本的战争中屡败，朝鲜丢失，旅顺、威海相继沦陷，京津也岌岌可危，清廷之腐败尽露，人心愤激，极有利于革命活动的开展。孙中山于是决定与邓荫南及三五同志返国，发动起义，袭取广州以为根据。

杨衢云像

1895 年 1 月 26 日，孙中山返回香港，他此行的目的非常明确，就是要准备发动起义，推翻清政府。抵达香港的当天晚上，孙中山乘船到广州找到陈少白，次日晚他们便返回香港，寻找活动地点。之后，陈少白又去澳门把郑士良找来。一切准备就绪，孙中山召集旧友陆皓东、郑士良、陈少白、杨鹤龄等创设香港兴中会，同时决定联合各地群众，扩大组织。那时，香港有一个"新学"团体，叫"辅仁文社"，成员有 16 人左右，以"开通民智"，"尽心爱国"为宗旨。社长杨衢云自中法战争失败后即有志于反清复汉，其志向与孙中山等人接近。该社的另一核心人物谢缵泰，自称 1887 年入香港中央书院读书时，即"开始觉醒到计划组织一个中国亿万人的革新运动，一个驱逐满洲鞑靼篡夺者的运动，正好是时候了。"[①] 孙中山遂与杨衢云联系，商讨共同组党事宜。杨衢云及一部分社员欣然赞成，并愿

---

① 谢缵泰：《中华民国革命秘史》，《广东文史资料：孙中山与辛亥革命史料专辑》，广东人民出版社 1981 年版，第 292 页。

取消旧社名义。这样，1895 年 2 月 21 日，兴中会与辅仁文社合并为一，正式成立香港兴中会总会，总机关设在香港中环士丹顿街 13 号，对外称"乾亨行"，借做买卖的招牌，以避警探的耳目。"乾亨"意即乾元奉行天命，其道乃亨。辅仁文社的杨衢云、谢缵泰、周昭岳三人加入兴中会。凡入会者，均按檀香山兴中会宣誓方式，以左手置于《圣经》上，举右手向天宣誓，誓词与檀香山兴中会完全相同。

在广州发动武装起义，并在两广建立一个独立的共和国，是孙中山早已有的想法。香港兴中会成立后，这件事便提上了议事日程。而当时两广地区亦具备了一些特殊的条件。孙中山认为，甲午战后，驻防广州的军队四分之三已遭遣散，未被遣散的亦多愤懑不平，若加以运动，即可收为己用。且两广总督李瀚章，出卖科第，私通关节，导致民怨沸腾。这一切均为袭取广州的有利条件。

袭取广州的计划确定以后，兴中会开始了各方面的准备工作。1895 年 3 月 13 日，杨衢云、孙中山、黄咏商和谢缵泰在香港开会，共同商量组织攻取广州的行动。会议决定：由孙中山驻广州专任军务，郑士良、陆皓东、邓荫南、陈少白等佐之；杨衢云驻香港专任后方接应及财政事务，黄咏商、谢缵泰等佐之。与此同时，一些具体的准备工作也全面展开。

首先是在广州设立起义机关，组织扩充会员。1895 年 3 月下旬，孙中山偕郑士良、陆皓东等到广州建立兴中会分会。会址设在广州双门底王家祠云岗别墅，对外称农学会。孙中山手订《拟创立农学会书》，宣称"首以翻译为本，搜罗各国农桑新书，译成汉文，俾开风气之先。即于会中设立学堂，以教授俊秀，造就其为农学之师。且以化学详核各处土产物质，阐明相生相克之理，著成专书，以教农民，照法耕植。再开设博览会，出重赏以励农民。又劝纠集资本，以开垦荒地。此皆本会之要举也。"①

孙中山重视农业，关注民生素为人所知，因此，此举不仅没有引起怀疑，反而得到了广东官绅潘宝璜、潘宝琳、刘学询等数十人的赞助。在农学会招牌的掩护下，又在广州东门外咸虾栏张公馆组织了一个分机关，由陆皓东主持，招待同志，制造炸药炸弹。机关设定后，扩充会员的工作也加紧进行，甚至孙中山也亲自出面，发展会员，如他劝说清军镇涛号管带程奎光入会即

---

① 《孙中山全集》第一卷，第 25 页。

是一例。① 同时孙中山还派人到内地去运动，联络那里的会党、绿林。这方面也取得了成效，如丘四、朱贵全将散处新安、深圳、沙头等地会党三千人集中起来，准备在发难前进入广州，作为首先发动攻击的敢死队。郑士良联络北江、英德、清远、花县一带会党领袖梁大炮，一俟广州城内发难，立即率领会党大队从北江赴援。此外，郑金部下的安勇，北江、香山、顺德的绿林，三元里的乡团等，也都答应参与起事。这样，起义的武装队伍就基本具备了。

其次是制订作战计划。1895 年 3 月 16 日，孙中山与杨衢云、谢缵泰讨论作战计划。开始孙中山主张采取内起外应的方案，即以少数精兵突然发难，占领城内重要部门，再以一部分兵力埋伏城内要道，阻击城外入援清军，同时城外起而响应。但许多人不同意这一方案，认为太过冒险。孙中山于是便将起义计划的"内起外应"改为"分道攻城"。即约定日期，使各地民团会党，分顺德、香山、北江三路，会集羊城，同时举事。为了避免因人数众多，骤集城中而引起清政府的怀疑，乃选定于重阳日举事。因广东有重阳扫墓之俗，四乡大族子孙千数百人多有远道结队来省拜扫祖墓，此日聚各地党人于城中，也不致令人生疑。②

准备工作的第三项内容就是筹集款项，购运枪械。虽然那时清政府腐败已极，痛恨清王朝的人也越来越多，但真正愿冒身家性命的危险来赞助革命的人却很少，此次起义所需的款项主要来自几个较大的捐助者。黄咏商卖洋楼一所以充军费，得资八千元；邓荫南卖掉其私产，得资万余元；香港日昌银号店主余育之助款万数千元。其余所需经费则主要来自孙中山及其哥哥孙眉。孙中山说，"当日图广州之革命以资财赞助者，固无几人也。所得助者，香港一二人出资数千，檀香山人出资数千，合共不过万余耳。而数年之经营，数省之联络，及于羊城失事时所发现之实迹，已非万余金所能办者也，则人人皆知也。其余之财何自来乎？皆我兄及我所出也。"③ 筹集到的经费主要用于招募会勇和购买枪械。这方面的工作由杨衢云负责。杨购得长短枪 600 余杆，准备把它们藏在五个士敏土桶内，由当时经常代客运货的广兴源栈，当做美国砵兰士敏土寄运往广州。

最后还有一个很重要的准备工作就是争取外国的同情与支持。1895 年 3

① 《革命逸史》上，新星出版社 2009 年版，第 211 页。

② 邹鲁：《乙未广州之役》，见中国史学会编《辛亥革命》（一），上海人民出版社 1957 年版，第 226—227 页。

③ 孙中山：《致吴稚晖函》，《孙中山全集》第一卷，中华书局 2006 年版，第 420 页。

月 1 日，孙中山与日本驻香港领事中川恒次郎会晤，请其帮助筹措步枪两万五千支，手枪一千支。但没有结果。之后，孙中山、杨衢云又先后与《德臣西报》（China Mail）的编辑黎德（T. H. Reid）及《士蔑西报》（Hong Kong Telegraph）记者邓肯（C. Duncan）会晤，请求他们给予舆论和道义上的支持，并通过他们争取欧洲人的同情和支持。这一目的基本达到。《德臣西报》在一连串的社论文中，都暗示有革命党的存在，并正密谋举义推翻满清政府，这些社论更向外人呼吁支持这个行动，因为如果获得外人支持，这个行动定会成功，而中国新成立的政权亦将会带给外人在华投资一个更好的机会。3 月 15 日，该报更以《在中国就将爆发的革命》为题，重申革命对中国和其他国家都有好处，10 月 14 日，《德臣西报》再次提及盛传革命党会举义推翻清廷。这些报道都倾向于支持革命。①

至此，各方面的准备工作基本就绪，但还有一个问题没有解决，就是兴中会的会长人选问题，实际上就是革命成功后由谁出任首届合众政府的总统问题。由于兴中会基本上由孙、杨两派组成，这一职位也就应由孙中山或杨衢云担任。从势力来说，孙派大于杨派，从资历及声望来说，杨派大于孙派。两派虽然在"反满"的目标下走到了一起，但并不是那种毫无间隙的合作。杨派的干将谢缵泰就有点看不起孙中山，认为孙中山是"一个轻率的莽汉"，"一言一行都显得奇奇怪怪"，因此"不能将领导运动这个重大责任信托给他。"② 这多少也是杨派的共同看法。所以，当兴中会于 10 月 10 日举行会议选举会长时，杨衢云要求此席甚力，并亲口对孙中山说，非他当选不足以号召中外。孙派的郑士良、陈少白极力反对，郑甚至声称，会长一职非孙莫属，若有他人作非分之想，他将亲手刃之。但孙中山因为起事在即，不愿因此引起党内纠纷而妨碍大局，表示谦退，结果会长一职为杨衢云所得。

风波总算过去了，一切仍按原计划进行。1895 年 10 月 26 日（阴历九月初九日）凌晨，绿林、军队、民团各路首领都到农学会讨口号、等命令。当一切都在顺利进行之时，却突然来了一声晴天霹雳。汕头方面领导人拍给孙中山一份电报："官军戒备，无法前进。"怎么办呢？起义所依靠的正是汕头的军队。孙中山当机立断，决定将部队遣回，听候命令，并电告香港，不要再来广州。但是来不及了，一支四百多人的特遣队已经带着十箱左轮手枪乘

---

① 霍启昌：《几种有关孙中山先生在港策进革命的香港史料试析》，《回顾与展望——国内外孙中山研究述评》，中华书局 1986 年版，第 451 页。

② 陈锡祺主编：《孙中山年谱长编》上册，中华书局 1991 年版，第 87 页。

轮船出发。杨衢云只得复电："接电太迟，货已下船，请接。"仍命朱贵全、丘四率队随装有枪械的保安轮入粤，而此时清政府已经接到密报，派兵等候，船一靠岸，即捕去朱贵全、丘四等四十余人。在此之前，清政府已派兵搜查了王家祠、咸虾栏革命党机关，捕去了陆皓东、程奎光等6人。孙中山化装成苦力，逃到澳门，转往香港。杨衢云得知广州事败之后，逃往印度，之后又转抵南非。广州起义就这样未发一弹便夭折了。陆皓东被捕后不久，即为清政府杀害，孙中山称他是"中国有史以来为共和革命而牺牲者之第一人。"

兴中会的起义虽然受挫，但这是资产阶级革命派发动的武装反抗清政府的第一次尝试，也是中国人民企图用暴力革命的手段实现民主共和理想的第一次尝试，所以，它的意义是十分深远的。

幼年陆皓东像

二、从伦敦蒙难到惠州起义

广州起义夭折了，孙中山没有放弃。他本打算在香港重振旗鼓，但律师建议他尽快离港，以免被港英政府驱逐。于是，他同陈少白、郑士良转赴日本，1895年11月9日抵达神户，旋至横滨。在那里，孙中山找到了从檀香山回香港策划起义时在船上认识的谭发，并由谭发介绍结识了冯镜如。孙中山邀请冯镜如、谭发、冯紫珊等十余人组织兴中会横滨分会，由冯镜如任会长。但当时旅日华侨对革命排满尚多疑虑，应者甚少，活动难以开展，加之清政府追踪日紧，孙中山遂决定离日赴美。他剪去长辫，换上西装，在冯镜如兄弟的资助下，登上了开往檀香山的轮船。

到了檀香山后，孙眉对孙中山慰勉有加，鼓励他继续奋斗。孙中山也决意重新召集同志，扩大兴中会组织。但清廷已谕两广总督谭钟麟从速缉拿孙中山，驻檀清领事已奉朝廷之命调查在檀兴中会员姓名籍贯，借以查抄原籍家产；而香山知县查封翠亨村孙姓房产的消息也传遍一时；许多会员都不敢再与孙中山交往。孙中山在檀半年，遍游各岛，宣传革命、募集军费，但成效不大。兴中会组织工作进展迟滞。孙眉和何宽都建议他去美洲大陆，那里华侨较多，当有可为。

剪辫易服后的孙中山

1896 年 6 月 18 日，孙中山抵达旧金山。清政府得知孙中山抵美，总理衙门即电告驻美公使杨儒，令"确查密覆"，杨儒密饬冯咏薇确查孙的去向。据冯咏薇报告，"孙文借寓金山沙加免度街第七百零六号门牌华商联胜杂货铺内，闻不日往施家谷转纽约，前赴英法，再到新加坡，并闻有沿途联合各会党，购买军火欲图报复之说。该犯随身携带私刊书册两本，虽无悖逆实迹，检其上李傅相书，确有该犯之名，显系孙文无疑"。[①] 尽管清廷查清了孙中山的去向，但由于中美之间没有引渡犯人的条约可援，杨儒依然无从措手。他只好电告驻纽约、英国、新加坡等地领事严加防备。同时总理衙门也密电两广总督谭钟麟、广东巡抚许振祎、驻英公使龚照瑗、驻日公使裕庚、驻新加坡代总领事刘玉麟、驻法使馆庆常等，加紧防范孙中山运军火回国。

孙中山在旧金山逗留了约两个月，不料那里的华侨风气之蔽塞，较檀香山尤甚。孙中山只好转赴纽约，沿途所到之处，鼓吹革命，"然而劝者谆谆，听者终归貌貌，其欢迎革命主义者，每埠不过数人或十余人而已。"[②] 在纽约逗留约一个月，孙中山感到一举一动都被注视，无可活动，遂决定赴英。1890 年 9 月 23 日，孙中山搭上了开往英国的"麦竭斯底"（White Star）号轮船。

清政府得知孙中山赴英时，清驻英公使馆即与英国外交部交涉，希望援引香港引渡罪犯的条约，捉拿孙中山，被英方拒绝。驻英公使馆只好雇佣司赖特侦探社（Slaters Detective Association）监视孙中山行踪。侦探社 10 月 1 日的报告中说：孙中山"于昨日中午 12 时在利物浦王子码头上岸"。"他坐的二等舱，上岸的时候，他带了一件行李，上火车站设备的公共汽车，到利物浦密德兰车站（Midland Railway Station），等到下午 4 点 45 分方才乘上火车，于晚间 9 点 50 分到伦敦圣班克拉司车站（St Pancras）。他取出行李，雇了 12616 号马车到斯屈朗赫胥旅馆（Haxeus Hotel，Strand）。"到达该旅馆时已是深夜 12 点。

次日上午，孙中山到波德兰区（Portland Place）覃文省街（Devonshire Street）46 号拜访他的老师康德黎。康为他在其寓所附近找了一处住所。安顿下来后，孙中山开始四处观光游览，他去过大英博物馆和一些名胜古迹，也到过动物园和植物园，最让他怦然心动的是伦敦车马之盛、贸易之繁和警察敏活、人民和易。反观中国，他更感到自己所从事的事业的正义性和重要性。

---

① 陈锡祺主编：《孙中山年谱长编》上册，中华书局 1991 年版，第 109 页。

② 孙中山：《革命原起》，见中国史学会编《辛亥革命》（一），上海人民出版社 1957 年版，第 6 页。

到伦敦后的十来天，他在自由自在的游览中，大概认为自己已摆脱了清政府的追捕。但实际上，清政府一刻也没有放松对他的监视，而且，一个拘捕孙中山的阴谋正在实施。

1896年10月11日，孙中山如往常一样，步行穿过波德兰后，去拜访康德黎博士，途中遇见清驻英公使馆翻译邓廷铿。两人边走边谈，行至49号清公使馆门口，邓又将孙中山介绍给另两位中国人，两人将孙中山拥入馆内，随即门被锁上，孙中山方知自己已被捕。随后，他们把孙中山囚禁到公使馆四楼的一间小房里，准备用船将他运回国内。这就是轰动一时的"孙中山伦敦蒙难"。

康德黎像

孙中山用英文写的求救信

使馆在捕获孙中山后，准备雇一艘船将他偷运回国处死。怎样才能获释呢？一开始，孙中山极力否认自己有任何谋反的意图，并试图说服邓廷铿，他只是一个改革家，专意讲求西学，但因得罪广州缉捕李家焯，遂被李诬告谋反，不得已只好潜往各国游历。他请求邓廷铿念同乡之谊，转请钦差代为申雪，并保证以后断不敢再行为乱。这当然不可能奏效。孙中山只好请求使馆派来看管兼照料起居的英籍工人柯尔（George Cole）为他送信给康德黎博士，请康德黎设法营救。柯尔几经考虑最终把孙中山请他送信一事告诉了使馆女管家豪夫人（Mrs Howe）。豪夫人鼓励柯尔帮忙。10月17日晚，豪夫人把孙中山被囚在使馆的消息写在一张纸片上，偷偷送到了康德黎的住宅。康德黎已连续几天不见孙中山身影，正感疑惑，见信后方知原委，于是连夜向警署报案，请求援助，但警方认为事属荒唐，拒绝插手。第二天，柯尔又把孙中山亲笔写在两张名片上的求救信交给了康德黎，并告知中国使馆拟于20日将孙中山押解回国。康德黎愈感情况紧急，决定向政府中的实力人物求援。遂与孙中山在香港学医时的另一位老师孟生博士（Dr Manssion）一同再赴苏格兰场总警署，请其出面干涉；又两度赴外交部，由于是星期日，没有结果，但值日司员答应第二天亲告上司。为防意外，孟生到清使馆通告拘禁之事已经泄露，使其有所顾忌，不敢贸然押解登船，同时他们四处访求私家侦探，布置监视，防止使馆连夜押运或改囚他处，此外他们还两赴《泰晤士报》馆，希望将此事公之于众，以争取公众舆论的支持。

10月19日，康德黎、孟生二人的奔走呼救终于生效了。英国外交部和警方开始干预。内政部命苏格兰场立即采取行动，苏格兰场布置6名便衣警探分三班24小时轮流监视清公使馆，并对泰晤士河上所有开往中国的船只进行监视。次日，英国政府又照会清公使馆，要求立即释放囚犯。当天，《地球报》刊发了访问康德黎的文章，引起英国朝野的关注。伦敦各报纷纷对此案进行采访报道，给清公使馆造成了强大的舆论压力。清公使馆坚持说孙中山系自投使馆，公使有权予以扣留，并未触犯英国法律。英方认为，孙中山被囚，既属违反国际法，亦属严重滥用外交特权。最后，公使馆被迫让步，10月23日下午4点30分，被拘禁了13天的孙中山终于获得了自由。

孙中山伦敦蒙难一事，对孙中山本人乃至整个中国革命都产生了很大的影响。首先是孙中山作为一个革命党领袖的个人声望提高了。孙中山自己不停地会见记者，发表演讲，并用英文撰写《伦敦被难记》。该书于1897年在英国出版后被翻译成俄、日、中等国文字，使孙中山名扬四海。许多后来始终追随孙中山的革命志士和给予孙中山很大帮助的日本友人就是通过这本书认识和了解孙中山的。当然，更重要的是孙中山思想上的变化。通过这次事件，他进一步认识了西方的社会制度、司法制度，从而更坚定了推翻清政府的信念。就在他获释后的第二天，他致函伦敦各报主笔，感谢英国政府及各报的救援之情，同时也首次表达了自己对此次事件的感受。他说，"最近几天中所发生的实际行动，使我对充溢于英国的宽大的公德心和英国人民所崇尚的正义，确信无疑。""我对立宪政府和文明国民意义的认识和感受愈加坚定，促使我更积极地投身于我那可爱而受压迫之祖国的进步、教育和文明事业。"①

孙中山还不失时机地利用这次事件呼吁英国对中国革命的同情和支持。他向英国政府保证，一旦革命获得成功，英国将获得一个广阔的市场前景。显然，孙中山过高估计了英国政府对他的重视。英国政府营救他，多半是出于法律和道义的缘故，并不意味着英国政府会冒与清政府对抗的风险去支持孙中山的反清事业，因为英国在中国有巨大的利益，中日甲午战争后英国的对华政策是很明确的。它一方面采取"联日抗俄"的政策，一方面又采取"维持现状"的政策，希冀利用日本来"开放"中国，以保证其在华利益的实现。因此，英国政府对孙中山的支持是有限度的，它决不会支持孙中山的反政府活动。也正因为如此，英国外交部于孙中山被释后第三天，即向清政府作出保证："本国政府于所有本国地方，如有借以谋议与贵国政府或官员为难之事，深愿按例极力阻止。"同时还告知清政府，英国政府已谕令香港总督，严查所有可疑之人，预破一切乱谋。② 这样，孙中山既不能在英国从事反清活动，也不能回香港图谋再举。孙中山只好决定离开欧洲，他的下一个活动舞台只能是日本。

宫崎寅藏及孙中山给他的委任状

---

① 《孙中山全集》第一卷，第35—36页。
② 陈锡祺主编：《孙中山年谱长编》上册，第126页。

1897 年 7 月 1 日，孙中山离开英国，途经加拿大，在蒙特利尔、温哥华等地短暂停留后，继续前行。他机智地摆脱了清驻英公使馆派出的跟踪人员，于 8 月 16 日抵达日本横滨。第二天，孙中山去拜访了横滨加贺町警察署长，并告知他被清政府官吏跟踪，要求得到日本方面的保护。他的要求获得批准。8 月下旬，孙中山在陈少白住所会见了日本自由民权论者宫崎寅藏。宫崎早已听陈少白介绍过孙中山，也读过孙中山的《伦敦被难记》，对孙中山非常景仰。此次是专门从香港来拜会孙中山的。孙中山也已从陈少白那里得知宫崎的一些情况，两人可谓神交已久，一见面就非常投机，畅谈良久。孙中山应宫崎所请，谈及他从事革命的初衷、革命的宗旨和革命的方法手段。孙中山说，"余以人群自治为政治之极则，故于政治之精神，执共和主义，余以此一事而直有革命之责任者也。""共和者，我国治世之神髓，先哲之遗业也。"中国要避免被瓜分的惨祸，"惟有行此迅雷不及掩耳之革命之一法。"而要洗雪东亚黄种人的屈辱，维护世界的和平与人道，"惟有成就我国之革命"①。宫崎听此言论，深受震动，认为孙中山思想高尚，见识卓越，抱负远大，情意恳切，实在是东洋的珍宝，于是又把孙中山介绍给了平山周。

结识宫崎寅藏和平山周，可以说是孙中山在日本从事革命活动的一个转机。不久他通过宫崎、平山介绍结识了日本众议院议员犬养毅，后又经犬养毅介绍会见了日本外相进步党领袖大隈重信，开始与日本政界人士交往。此外，孙中山还在平山周的陪同下访问了日本著名的启蒙思想家福泽谕吉。他还获准久居东京，并得到日本友人在生活上的资助。然而，问题在于孙中山为什么如此急切地要扩大与日本朝野各界人士的交往？日本政府及各界人士为何又愿意帮助孙中山？

孙中山与日本各界人士交往的动机很简单，就是要寻求日本方面的援助。他每次与日本人士会谈，都会谈到这个问题。他也呼吁过欧洲方面的援助，但无结果，不过他觉得寻求日本方面的援助是完全可能的，因为中国与日本同文同种，又同样遭受西方的欺凌，日本虽然也像西方国家一样侵略过中国，但还是与西方国家不同，他向欧洲国家寻求帮助的时候，是用广阔的市场前景来说服他们，而他向日本寻求援助的时候，主要用亚洲人的命运来打动它。日本对孙中山的态度则要复杂一些，从政府一面说，它必须顾及与清政府的外交关系。甲午战后，清政府与日本又恢复了邦交，日本从战争中获得了巨

① 孙中山：《与宫崎寅藏平山周的谈话》，《孙中山全集》第一卷，第 172、173、174 页。

大的利益，它还需要维持清政府以保证这些利益的实现。但清政府已虚弱不堪，考虑到这一点，日本政府觉得有必要为孙中山提供一些方便，以求革命成功后新组建的政府实行亲日政策。从日本民间方面看，许多著名的民间人士，都抱有一种泛亚主义的理想，他们一直在寻找一位中国"英雄"，以便在他们的帮助之下，把中国从西方帝国主义的手中"拯救"出来。

孙中山得到日本朝野的"支持"，就积极筹备发动第二次武装起义。准备工作分三个方面进行：陈少白回香港办报，设立革命机关；史坚如、郑士良深入内地联络各地会党，纠集起义队伍；孙中山则在海外活动，负责筹集起义所需的饷械。1900 年 1 月 25 日，由陈少白主编的《中国日报》在香港正式创刊。《中国日报》分日报和旬报两种，它的创办，有两方面的意义。一是起到了恢复和组织革命力量的作用。二是开启了革命党人办报鼓吹革命之先河。兴中会最初的宣传品，只有《扬州十日记》一种。1899 年间兴中会在日本曾以"中国合众政府社会"的名义印制革命宣传品，寄往美洲、檀香山及南洋各属华侨，请其协助革命。此外见诸文字者很少。《中国日报》的创办，表明

陈少白主编的《中国日报》

革命党人已经认识到创设宣传机关的必要性。陈少白在筹备办报的同时，又按计划联络会党，召集党人。与此同时，孙中山在日本也积极活动，筹划起义。由于当时台湾总督儿玉源太郎对于孙中山的革命主张很赞成，答应起事后设法相助，所以孙中山对于第二次革命变更计划，不到广州发难，预备先在惠州起事，沿海向东前进。孙中山在台湾等候，如果这边军队能够打到厦门，他就可以渡过台湾海峡，亲自督师。

1900 年 9 月 28 日，孙中山抵达台湾基隆。然而，就在此前两天，日本山县有朋内阁总辞职，新任首相伊藤博文对华政策发生较大变化。孙中山抵台后第二天，日本内务省总务长即电示台湾民政长官，对孙中山利用台湾的起义计划，采取防遏方针，并严格阻止日本人参与中国革命。① 这样，原订的由台湾接济军火计划落空。孙中山又谋潜渡内地及密运军械计划，也完全失败。然而，惠州方面的起义准备已引起清政府的注意，两广总督德寿命水师提督何长清率虎门防军四千人进驻深圳，命提督邓万林率惠州防军进驻淡水、镇隆，对起义军的驻地形成两面夹击之势。1900 年 10 月 6 日，起义军被迫迎战，起义爆发。由于原订的从台湾接济起义军的计划落空，孙中山只好下令中止起义，惠州起义失败。

与乙未广州起义比较起来，惠州起义在舆论准备、运动会党、争取外援等方面显然要充分得多。不过，惠州起义仍然未能跳出广州起义的那套模式，依然企图靠从香港和海外进行点滴的渗透来颠覆清政府，并且对帝国主义列强抱有极大的幻想。孙中山在组织策划起义时也是把希望寄托在日本的援助上，结果，当日本的态度发生变化时，起义也不得不半途而废。帝国主义列强是不会真心支持中国革命的，想从它们那里得到援助的计划必然落空。

惠州起义虽然失败了，但它造成的影响却是积极的。这表现在两个方面。一方面，惠州起义进一步提高了孙中山的声望，巩固了他作为革命党领袖的地位。如果说伦敦蒙难使孙中山名扬四海，并确立了他的革命领袖地位，那么惠州起义则使他的领导地位进一步巩固，孙中山成了革命救国的代名词；另一方面，惠州起义是一份宣言书，它进一步促进了民众的觉醒和革命思想的传播。孙中山说，"经此失败而后，回顾中国之人心，已觉与前有别矣。当初次之失败也，举国舆论莫不目予辈为乱臣贼子、大逆不道，咒诅谩骂之声不绝于耳，吾人足迹所到，凡认识者，几视为毒蛇猛兽，而莫敢与吾人交游

----

① 陈锡祺主编：《孙中山年谱长编》上册，中华书局 1991 年版，第 246 页。

也。惟庚子失败之后，则鲜闻一般人之恶声相加，而有识之士且多为吾人扼腕叹惜，恨其事之不成矣。前后相较，差若天渊。吾人睹此情形，中心快慰，不可言状，知国人之迷梦已有渐醒之兆。"[1]

三、留学生转向革命

惠州起义失败后，孙中山又到了日本。经此失败，孙中山意识到，革命要想成功，还得"联络学界"。1902 年他与刘成禺、程家柽等人谈话时说，"历朝成功，谋士功业在战士之上，读书人不赞成，虽太平天国奄有中国大半，终亡于曾国藩等儒生之领兵。……士大夫以为然，中国革命成矣。"[2] 基于这种认识，孙中山努力扩大与留日学界的交往。而此时，留学生的态度也在悄然发生着变化，越来越多的留学生开始转向革命。

东京留日学生的转变是具有典型意义的。中国的留日学生虽然发端于1896 年，但在 1900 年以前留日学生基本上是各自分散求学，没有结成什么团体。1900 年留日学生增多，他们在维新失败和瓜分危机的刺激下，救国热情进一步高涨。但在 1903 年以前，留学生信奉改良主义者居多，1903 年之后，留学生信奉革命主义者居多。这种变化基于两个方面的原因，一是留学生对清政府的失望；二是留学生对改良派的失望。留日学生与清政府之间的冲突从一开始就有。1902 年发生的成城学校入学事件使这种冲突表面化。是年 7月，吴稚晖、孙揆均二人为敦促清政府驻日公使蔡钧保送自费生入成城学校学习陆军，带领同学到使馆静坐请愿，被蔡钧勾结日本警方逮捕。8 月 6 日，东京警署将吴、孙二人押解出境，吴稚晖决心"以尸为谏"，投水自沉，欲以一死唤醒群梦。虽获救不死，却使留学生大受刺激，国耻观念益涌起于学生人人之胸中，革命情绪逐渐漫延。1903 年，留日学界又发生拒俄事件。是年4 月，留日学生惊闻沙俄拒绝从中国东北撤军，决定组织拒俄义勇队，后改为学生军，推蓝天蔚为队长，准备回国"在政府统治之下"，开赴疆场，但遭到留学生监督汪大燮的阻挡。学生军遂又改名为军国民教育会，规定以"养成尚武精神，实行爱国主义"为宗旨，但军国民教育会也仅仅存在两个月，就在清政府的镇压和内部矛盾的冲突下瓦解了。不过，清廷对留日学生的敌视

---

① 孙中山：《建国方略》，《孙中山全集》第六卷，第 235 页。
② 陈锡祺主编：《孙中山年谱长编》上册，中华书局 1991 年版，第 285 页。

态度和镇压措施却把许多原本对清政府还存有幻想的人推向了革命的一边。

留日学生思想转变的另一个原因就是对改良派的失望。戊戌变法失败后，康有为、梁启超亡命日本，梁启超创办《清议报》，倡说"国民"观点，对留日学生的影响非常大，以致留学生界人人争说"国民"。梁启超又创办《新民丛报》，提倡"新民说"，更使他的威望达到顶峰。许多留学生在国内时即是维新改良主张的积极拥护者，东渡日本后也以倾向保皇立宪为多。然而这种情况在自立军起义失败后有所改变。1900 年的自立军勤王事件是保皇党策划的一件大事。其直接的目的就是请光绪帝复位，康、梁是此次事件的主谋，实际运动方面则有唐才常、徐勤等。此次起事因多方面的原因失败，唐才常等被捕死难。起义失败后，保皇会的信用渐失，保皇会内部也发生分裂，许多参加勤王运动的留学生纷纷转向革命。1903 年，梁启超一反过去"破坏主义"的立场，转而主张"开明专制"，这使他在留学生中的政治威信一落千丈。对改良派的失望也进一步推动了留学生思想的转变。

1903 年 4 月，留日学生邹容因为与张继等人剪掉了驻日南洋学生监督姚文甫的辫子而被迫回国。回国后入上海爱国学社，与章太炎、章士钊十分投合，结为兄弟。当时正好拒俄运动兴起，邹容"深悟清政府之不足恃，且伤

邹容和他的《革命军》

内外志士之不脱奴隶根性，于是发愤草《革命军》一书。"① 《革命军》在4月间全部脱稿，5月由友人集资交上海大同书局正式出版。邹容也因之下狱，1905年死于狱中。

《革命军》一书共分七章，第一章绪论，歌颂革命的神圣伟大。邹容用火一般的热情，诗一般的语言写道，"革命者，天演之公例也。革命者，世界之公理也。革命者，争存争亡过渡时代之要义也。革命者，顺乎天而应乎人者也。革命者，去腐败而存良善者也。革命者，由野蛮而进文明者也。革命者，除奴隶而为主人者也。""我中国今日不可不革命，我中国今日欲脱满洲人之羁缚，不可不革命，我中国欲独立，不可不革命，我中国欲与世界列强并雄，不可不革命，我中国欲长存于二十世纪新世界上，不可不革命，我中国欲为地球上名国，地球上之主人翁，不可不革命。""巍巍哉！革命也。皇皇哉！革命也。"② 在第六章，邹容运用卢梭的自由平等学说，模拟美国革命独立之义，设计了一套"中华共和国"的方案，其中特别强调，中华共和国为自由独立之国，全国人民一律平等，生命自由及一切利益之事，皆属天赋之权利。这显然是一个资产阶级共和国方案。它把自由、平等、天赋人权的学说与反满问题联系起来，这比当时许多人单纯地从种族角度立论要高出许多。更重要的是，"共和"这个让无数人献出生命的字眼，从此成为一代知识分子共同的理想追求。

与留日学生相比，留欧学生的转变要稍晚一些，而且这种转变是在孙中山的努力下促成的。1905年初，孙中山抵达布鲁塞尔，留学生二十余人到车站迎接。随后的几天，孙中山就革命方略问题与留学生展开了讨论。留学生虽然渴望追随孙中山，但并不意味着他们完全赞同孙中山的观点。在革命的依靠力量方面，他们与孙中山有很大的分歧。经过讨论，各方面的意见渐趋一致，孙中山遂建议组建革命团体，大家都表示同意。于是孙中山当场书写誓词，要求大家宣誓。誓词为："具愿书人×××当天发誓：驱除鞑虏，恢复中华，创立民国，平均地权，矢信矢忠，有始有卒，倘有食言，任众处罚。天运×年×月×日××押。主盟人孙文。"宣誓后孙中山还向各位传授了见面时的各种秘密手势和口号，如问：君从何处来？答：从南方来。问：向何处去？答：向北方去。问：贵友为谁？答：陆皓东、史坚如二人，手势为骈指

① 冯自由：《革命逸史》（上），新星出版社2009年版，第225页。
② 邹容：《革命军》，见中国史学会编《辛亥革命》（一），上海人民出版社1957年版，第333页。

交钩握手法。① 这套仪式显然是从三合会那里来的。此次加盟的留学生有三十余人，约占留比学生人数的十分之九。

在布鲁塞尔建立了革命团体后，孙中山又到了柏林。他在柏林一共待了十二天，白天处理信件，外出游览，晚上与留德学生讨论革命建设之事。他似乎很容易就赢得了留学生的信服，只有一个叫薛仙舟的学生反对平均地权，另一个叫马德润的学生不赞成五权宪法，主张照搬德国宪法。最后一晚，留德学生二十余人也在孙中山的主持下宣誓加盟成立革命团体，一切均按布鲁塞尔的仪式进行。

在柏林留学生的革命团体建立之后，孙中山就直接到了巴黎。巴黎的情况要复杂些，留学生思想歧异，良莠不齐。但孙中山还是充满信心，每当有留学生往访，他总是"口讲指划，力言满清政府之腐败，国家之危急，继即详述革命学说，旁及平均地权、节制资本、约法及革命军前进时，后方政治如何组织，地方治安如何维持及种种计划等。"② 最后，孙中山说服了唐豸、冯承钧、汤芗铭、向国华等十余人加盟，组成了留法学生革命团体。

从上述三个革命团体建立的过程看，布鲁塞尔的组织较好，因为参加者多半在国内已有革命活动经验，有一定的思想基础。柏林和巴黎两地的革命组织显然不够严密。有些加盟者并非真心倾向革命，只是出于一时好奇，或因大势所趋，众意难违才加盟的，以致发生学生背盟事件。先是在柏林加盟的王发科、王相楚二人对加盟一事颇感后悔，遂潜往巴黎，约集在巴黎加盟的汤芗铭、向国华同去拜访孙中山，四人将孙中山骗至咖啡馆，其中两人回房，用小刀割开孙中山的皮包，盗去全部盟据，向清朝驻法公使孙宝琦自首。孙宝琦虽未深究，但对孙中山仍是一个打击，他几个月来奔走联络的成果几乎毁于一旦。事后，留欧学生整顿组织，重具愿书。计此次入盟者在比有史青、贺之才、魏宸组、胡秉柯、喻毓西、刘荫弗、李藩昌、李仁炳、程光鑫、陈宽沅10人，在法者仅唐豸1人，在德者有朱和中、周泽春、钱汇东3人。同时还成立驻欧执行小组，由胡秉柯、史青等9人负责执行会务，贺之才、史青等又组织公民党作为外围机构，宗旨中取消平均地权一项，以容纳赞成革命但反对平均地权的人。与开始时一样，重新组织的革命团体开始时并没有一个确定的名称，后同盟会本部在日本成立后，才定名为同盟会。

---

① 陈锡祺主编：《孙中山年谱长编》上册，中华书局1991年版，第329—330页。
② 陈锡祺主编：《孙中山年谱长编》上册，中华书局1991年版，第332页。

留欧学生的加盟，对后来的革命运动产生了积极影响。首先，留欧学生大部分为湖北人，此次联络，为后来孙中山与湖北革命志士建立关系打下基础；其次，孙中山在与留欧学生的接触中，进一步认识到了知识分子与新军的重要性，同盟会时代不完全依靠会党，即始于此；最后，也是最重要的，孙中山从留欧学生革命团体的组建过程中，认识到建立大团体的必要性，这一思想直接导致了同盟会的产生。所以后来孙中山把欧洲学生的加盟视为"革命同盟会成立之始。"①

四、革命团体相继建立

留学生的变化与国内的变化是紧密联系在一起的。就在 1904 年前后，各种革命团体像雨后春笋般地涌现出来。导致这种转变的原因有二，一是由于清政府的镇压。1903 年 6 月，清廷以《苏报》"故意诬蔑今上，排诋政府"，"心怀叵测，谋为不轨"为由，逮捕了《苏报》主笔章太炎等人，封闭了报馆，制造了轰动一时的《苏报》案。之后，清廷屡下禁止报馆、严拿主笔的谕令，各省也纷纷出示，禁止购买言论激烈的书报，售者阅者，均须提究。一些人不得不暂时放弃宣传工作，转入秘密的反清组织活动。此其一。其二，许多具有反清倾向的知识分子在饱受了清廷高压政策之苦后，更感觉到实际运动的必要。要运动就必须有组织，在 1903 年以前，各地革命志士的活动大多以省为单位，具有明显的地域性；1903 年后半年，留日学界掀起一股"非省界"的潮流，他们呼吁打破省界，消除地域观念，合小群而为大群，联合建立大团体。就在这种背景下，1904 年前后，许多革命团体纷纷建立，其中对整个革命运动影响较大的当推华兴会、科学讲习所和光复会。

（一）黄兴与华兴会

黄兴（1874—1916）原名轸，字岳生，号厪午，庆午，后改名兴，号克强，湖南善化人。他出生在一个塾师家庭，22 岁中秀才。1898 年入武昌两湖书院，接触到一些新学知识，革命思想开始萌生。1902 年，他作为湖北省官费生被选派赴日本留学，入东京宏文学院速成师范科。课余之暇，他延请日

---

① 《孙中山全集》第六卷，中华书局 2006 年版，第 237 页。

本军官讲授军略，练习技击。开始时"没有断发，也未尝大叫革命"。[1] 1903年4月，得知沙俄拒绝按原约从东北撤军的消息后，方知"中国大局，破坏已达极点。今而后惟有实行革命，始可救危亡于万一耳。"[2] 他积极参加拒俄义勇队、军国民教育会的活动，给义勇队员教授枪法，又以军国民教育会自认"运动员"的身份回国，策划反清革命。

黄兴像

1903年6月，黄兴抵上海，遇到章士钊和胡元倓。胡元倓邀请黄兴到他主持的长沙明德学堂任教。黄兴欣然应允。恰好那时《苏报》案发生，章士钊遂与黄兴同返湖南，途经武昌，黄兴应邀到两湖书院发表演讲。他大讲满汉畛域及改革国体政体之理由，并散发《革命军》等宣传品，鼓吹反清革命，触怒张之洞，被驱逐出武汉。是年秋，他在长沙明德学堂速成师范班任生物、图画教习。课余之暇，时向学生灌输革命学说。那时，明德学堂聘请的教员中，许多人是富有革命思想的，如张继教历史，周震鳞教地理，苏曼殊教国文，明德学堂俨然成为长沙革命志士集合的中心。

1903年11月初，刘揆一从日本回到长沙。黄兴在离日回国之前就曾与刘揆一讨论过回国后革命进行方略，并相约在长沙共举。刘揆一回来后，原来拟议中的组建革命团体的事就实际运作起来。11月4日，正好是黄兴29岁的生日，黄兴借祝寿为名，召集宋教仁、陈天华、刘揆一、张继等二十多人，在长沙西区保甲局巷彭渊恂家里，举行秘密会议。会上决定成立华兴会，对外采用"华兴公司"的名义，以"兴办矿业"为名，从事反清革命活动。1904年2月15日，华兴会在明德学堂校董龙璋的寓所里正式召开成立大会。

---

[1] 鲁迅：《因太炎先生而想起的二三事》，《鲁迅全集》第六卷，人民文学出版社2005年版，第579页。

[2] 《黄克强先生荣哀录》，转引自金冲及、胡绳武《辛亥革命史稿》第一卷，上海人民出版社1980年版，第325页。

选举黄兴为会长，刘揆一、宋教仁为副会长。会上讨论了革命进行的方针，黄兴在会上提出了"雄踞一省与各省纷起"的想法。根据这一方针，华兴会把工作重点放在联络会党与军队，为此，华兴会又专门成立了两个外围组织：一是同仇会，专为联络哥老会，策动会党起义的机构；另一个是黄汉会，专为运动军队参加起义的机构。但那时湖南新军刚刚开始兴办，旧式军营一时又难以下手，因此华兴会运动的重点放在哥老会。在这方面，华兴会取得了相当的成功。他们争取到了哥老会首领马福益的支持。黄兴授马福益少将头衔，并赠马福益长枪20杆，手枪40支，马40匹。

1905 年，华兴会部分领导人在日本的合影（左一为黄兴，左四为宋教仁）

与此同时，联络其他各省响应起义的工作也按计划进行。宋教仁、胡瑛前往武昌，设立华兴会支会，并联络湖北革命组织科学补习所，约定湖南起义，湖北响应；陈天华、姚宏业等前往江西，游说江西巡防营统领廖铭缙响应湖南起义；周维桢、张荣楣则接洽四川会党，促其与两湖会党合作；杨守仁、章士钊则前往上海、南京一带策应一切，准备工作进展顺利。

起义原定于 11 月 16 日慈禧太后七十寿辰时举行。当全省文武要员齐集一起庆贺时，起义军将引爆预先埋好的炸弹，然后乘势占领长沙。不料起义前十余日，有会党两人走漏了风声，长沙起义未及发动就被破坏。黄兴等华兴会骨干先后避往上海，马福益逃到广西。黄兴在上海继续召集同志，另设"爱国协会"，准备分途运动大江南北之学界军队，在鄂、宁等处起义。马福益也潜回湖南，图谋再举，不幸被捕，不久遇害。黄兴也因万福华谋刺王之春案牵连入狱，幸好身份没有暴露，两天后即获释。华兴会经此波折，重要骨干黄兴、宋教仁、陈天华均亡命日本。

（二）科学补习所

科学补习所最初发起人是张难先和胡瑛。当时，湖北革命党人普遍认为，革命非运动军队不可，运动军队，非亲身加入军队不可。张、胡两人遂投身湖北陆军第八镇工程营充当士兵。他们向士兵散发《猛回头》、《孙逸仙》、《黄帝魂》、《革命军》等书，渐渐争取到了一些同志。到1904年6月，他们与同营的朱元成、陈从新、雷天壮等及学界同情革命的吕大森、欧阳瑞骅、曹亚伯等12人发起组织机关，在武昌斗级营同庆酒楼开筹备会，决定成立科学补习所，名义上的宗旨是研究科学，实际上的宗旨是"革命排满"。7月3日，科学补习所正式成立，吕大森任所长，胡瑛为干事，曹亚伯任宣传，时功璧任财政，宋教仁任文书，康建唐任庶务。胡瑛、宋教仁、曹亚伯等都是华兴会的会员，两个革命组织之间的血脉是相连的。

七八月间，黄兴自上海返回长沙，途经武汉，科学补习所开会欢迎。黄兴告以长沙起义计划，科学补习所成员一致赞成，并当即表示届时响应。之后，科学补习所开始了响应起义的准备工作。他们印制了军用票30万张，以备起义时两省之用，同时派会员赴各地联络会党。正当一切均按计划积极进行之时，华兴会长沙起义事情泄露。清政府从华兴会机关中搜得文件，知道科学补习所也参与了密谋起义，当即电告张之洞处置。但科学补习所已先得黄兴来电，由胡瑛、王汉等将枪械转移到汉阳鹦鹉洲，刘静庵烧毁了所有文件册据，张难先通知同志转移。当夜军警围所搜查，但一无所获。不过经此挫折，科学补习所的活动也就停止了。

科学补习所只存在了三四个月，但对湖北的革命运动有着十分深远的影响。科学补习所的成员，大多是下层知识分子，他们特别重视军队，并且能够直接投身到军队中去从事宣传和组织工作，这个优点，他们后来一直保持下去，并且得到了发扬。辛亥革命所以能在湖北首先得到成功，应该说，同湖北革命党人这种长期的深入工作是分不开的。

補習所章程（湖北武昌省城獵馬
廠口宜昌招待所內）

● 一 定名

學界同志於正課畢時思補習未完之課
故名補習所

● 二 宗旨

集各省同志取長補短以期知識發達無
不完全

● 三 職員

（甲）總理一員總庶務大綱
（乙）庶務幹事二員 經理一切庶務
（丙）補習教員六員 就同人中選擇學
問優長者充當義務教員值星期輪流
為同人講習功課
（丁）會計幹事一員管理出入度支
（戊）書記幹事一員 掌往來信件書稿
等事

科学补习所章程

（三）光复会

1903 年 10 月，在东京的浙学会会员蒋尊簋、许寿棠、沈瓞民等聚集在《浙江潮》编辑王嘉祎的寓所密商，讨论的结果，决定另行组织秘密的革命团体，目的不仅要加强革命宣传工作，首要在于力行，要用暴力发动武装起义。其进行的方式，是在湖南、安徽或浙江选定一省，实行武装占领作为根据地，再逐步扩展。11 月，浙学会会员在王嘉祎寓所再次开会，陶成章、龚宝铨、魏兰也参加了会议，决定陶成章往浙江，魏兰往安徽，龚宝铨往上海，张雄夫、沈瓞民往湖南，联络各地会党和革命志士，共图大计。

1904 年 2 月 11 日，陶成章抵杭州，寓于《白话报》馆，该报主笔孙翼中也是浙学会会员，曾任《浙江潮》主编。陶成章经孙翼中介绍认识了已被清政府收监的白布会首领濮振声。濮为陶出介绍函数通、名片数十通，并称：凡持其名片往新城、临安、富阳、于潜、昌化、分水、桐庐等处，沿途均可有照料，不致有日暮途穷之感也。得此相助，陶成章遍游各地，详探各种秘密社会情状。陶早有联络会党之意，他的目标，是要把会党从原有的"反清复明"的宗旨引导到民主革命的道路上，使之成为革命的武装力量。这一点在他起草的《龙华会章程》中充分体现出来。由他规定的龙华会宗旨是："赶去了满洲鞑子皇家，收回了大明江山，并且要把田地改作大家公有财产，不准富家们霸占，使得我们四万万同胞，并四万万同胞的子孙，不生出贫富的阶级，大家安安稳稳享福有饭吃呢。"他设想革命成功以后实行总统制，或市民政体，或无政府，"但无论如何，皇位是永远不能霸占的。"① 可见，陶成章的目标不仅是发动会党起来革命，而且要改造会党。

1904 年 8 月，陶成章联络各地会党的工作已有头绪后回到上海。龚宝铨也回到上海，并在上海组织暗杀团。但暗杀团人数极少，力量单薄，龚宝铨极想扩大组织，经与陶成章商量，决定根据东京浙学会的原议，组织一革命团体。那时章太炎尚在狱中，唯蔡元培系翰林院编修，声望素高，欲推为首领。于是龚与蔡相商，决定成立光复会，并由蔡元培自动提出请陶成章参加。是年 10 月光复会在上海正式成立。

光复会又名复古会，它的入会誓词是："光复汉族，还我河山，以身许国，功成身退。"按照章太炎的解释，"驱逐异族，谓之光复，今中国既灭亡于逆胡，即当谋者光复也。"可见，这一组织的着眼点在"驱逐满族"，表现出较强的汉民族主义色彩。

光复会成立后，围绕发展组织、联络会党、密谋起义三个方面展开工作。蔡元培以敖嘉熊素负重望，亲自邀请他加入光复会。敖拒绝入会，但同意把光复会在浙江的联络点设在温台处会馆。1905 年夏，温台处会馆因资金无法维持而解散，光复会的联络点转移到绍兴的大通学堂，由徐锡麟、陶成章主持。大通学堂创办于 1905 年 9 月，徐锡麟原意以大通学堂作革命党人的军需供应地，后经陶成章建议，大通学堂改为师范学校，设体操专修科，学制半年，绿林豪杰麇集其间，势力益盛。这样，徐锡麟实际上成了光复会的负责人，而绍兴也就成了光复会的中心。

除了华兴会、科学补习所、光复会外，1904 年前后出现的革命团体还有江西的易知社、安徽的岳王会、日本的共爱会等。在 1904 年以前，资产阶级革命派的政治团体还只有兴中会一个。到 1904 年，一下子涌现出许多团体，

---

① 陶成章：《龙华会章程》，见中国史学会编《辛亥革命》（一），上海人民出版社 1957 年版，第 540、538 页。

光复会领导人在日本的合影

而且遍及江、浙、湘、鄂、皖、闽、赣、川、陕等地，从其成员来看，他们都是资产阶级、小资产阶级知识分子，这表明，一种新型的资产阶级革命力量即资产阶级革命派已经在全国范围内形成了。这时候最需要的是公认的领袖和统一的组织。正在为革命四处奔波中的孙中山开始被越来越多的革命者所接受。

五、中国同盟会及其纲领

1905 年 7 月 19 日，孙中山抵达日本横滨。此时孙中山在留学生中的形象已经有很大的改变。大约在 1902 年之前，由于缺少了解，孙中山在知识界的形象很糟，秦力山认为他是海贼，吴稚晖则怀疑他不识字，在这之后，孙中山成了中国反清革命的一面旗帜。这中间宫崎寅藏的《三十三年之梦》起了很大作用。该书详细介绍了孙中山的革命思想与事迹，也正好迎合了当时中国知识界迫切需要一个榜样和领袖来引导革命的心理。许多人，包括黄兴在内，都是通过这本书了解孙中山的。

孙中山与黄兴在东京首次会晤。
左为孙中山，右为黄兴

孙中山抵横滨后，留日学生前往拜访者络绎不绝，数日后，留日学生即派代表百余人，将孙中山迎往东京。孙中山一到东京，即四出拜访有志之士，他先与程家柽会面，然后又与程家柽一起访问了杨度。据说孙、杨二人"聚议三昼夜不歇，满汉中外，靡不备论，革保利弊，畅言无隐。"① 但两人政见分歧很大。孙中山认为中国非改革无以图存，但与清政府谈改革，无异于与虎谋皮，因此必须发动民主革命，推翻这个昏庸腐朽的政府，为改革政治创造条件。杨度则认为，民主革命的破坏太大，清政府虽不足以有为，但若有有为者出世，施行君主立宪，则事半功倍。这一次会谈并没有什么结果，两人商定各行其是。真正意义重大影响深远的，还是孙、黄之间的会晤。大约是在 7 月下旬，孙中山与黄兴在东京首次会晤，两人一见如故。随后，孙中山又与华兴会的宋教仁、陈天华等在《二十世纪之支那》杂志社会晤。会谈中孙中山纵谈政治大势和革命方法，主张各革命团体互相联合。这是孙中山首次系统表述联合组党的必要性，其要点有二：（一）分散起义可能导致国家分裂，引起外国乘机"干涉"，并进而导致亡国；（二）会党力量分散，若知识分子出而联络他们，领导他们，则可成就大业。可见，孙中山看到了地域主义、分散主义的危险性，也了解革命所要依靠的力量，反映出他对当时国内国际的形势都有比较清楚的认识，表现了一个领袖人物所必须具有的高瞻远瞩、审时度势的能力。

孙中山的建议引起了华兴会内部的争议。7 月 29 日，黄兴召集华兴会骨

① 陈锡祺主编：《孙中山年谱长编》上册，中华书局 1991 年版，第 339 页。

干开会，讨论与孙中山合作问题，据宋教仁所记，黄兴同意与孙中山合作，但主张形式上加入孙中山的组织，精神上仍然保留华兴会的宗旨。陈天华则主张以华兴会为主与孙中山联合，宋教仁则称应先研究将来入会者与不入会者之关系，最后决定是否加入孙中山的组织，个人自由决定。[①] 虽然内部出现了分歧，但联合组党已是大势所趋，这就为同盟会的成立奠定了基础。从整个过程来看，孙、黄会晤是同盟会成立的起始点，其意义十分重大，没有孙、黄之间的携手，同盟会的成立是不可能的。

1905 年 7 月 30 日，中国同盟会筹备会议在东京赤坂区桧町黑龙会内日本友人内田良平家里举行。与会者包括兴中会、华兴会、光复会及留日学生中其他团体的部分成员 76 人。他们来自全国 10 个省，除孙中山、黄兴外，还有宋教仁、张继、马君武、汪精卫、田桐、居正、李烈钧、唐继尧、阎锡山、曹亚伯等后来有名的人物参加了会议；日本人宫崎寅藏、内田良平、末永节等人也参加了会议；孙中山作为发起人被推为会议主席。会上，孙中山首先演说，宣讲革命的理由、革命的形势与革命的方法。他强调全国各地的革命组织应联合起来，结成新团体，协力从事革命工作。黄兴等相继演说。演说完毕，孙中山主持讨论新团体的名称和宗旨。关于名称，湖南学生张明夷认为革命以推翻满清为志，当以对象立名，建议用"对满同盟会"的称号。孙中山不同意。他认为革命不专在排满，还要废除专制、创建共和，任何对革命事业表示同情的人，也应该允许其入会，因而主张用"中国革命同盟会"的称号。黄兴认为，鉴于这个组织是从事秘密活动的，"革命"一词应该删去。经过讨论，黄兴的意见被采纳了，"中国同盟会"的名称就这样定了下来，[②] 关于宗旨，孙中山建议以"驱除鞑虏，恢复中华，创立民国，平均地权"十六字作为同盟会的革命宗旨，有人对"平均地权"表示异议，要求取消。孙中山在海外生活了二十多年，已经觉察到资本主义社会的某些弊端，想以"平均地权"的办法避免重蹈欧美资本主义的覆辙。他解释说，"现代文明国家最难解决者，即为社会问题，实较种族、政治二大问题同一重要；我国虽因工商业尚未发达，社会纠纷不多，但为未雨绸缪计，不可不杜渐防微，以谋人民全体之福利；欲解决社会问题，则平均地权之方法，乃实行之第一步；本会系世界最新之革命党，应立志远大，必须将种族、政治、社会三大

---

① 宋教仁：《我之历史》，《宋教仁集》下册，中华书局 1981 年版，第 546 页。
② 薛君度：《黄兴与中国革命》，湖南人民出版社 1980 年版，第 49 页。

革命，毕其功于一役。""不当专问种族、政治二大问题，必须并将来最大困难之社会问题亦连带解决之，庶可建设一世界最良善富强之国家。"经解释后，虽仍有少数人持保留态度，但最终获得通过。黄兴随即倡议举孙中山为总理，众皆举手赞成。随后由孙中山起草盟书，经黄兴、陈天华审定。盟书如下："联盟人，×省×府×县人×××，当天发誓：驱除鞑虏、恢复中华，创立民国，平均地权，矢信矢忠，有始有卒。如或渝此，任众处罚。天运乙巳年七月×日，中国同盟会员×××"。每人各自书写盟书一纸，孙中山率众人同举右手，对天宣誓入盟。宣誓后，孙中山至隔室分别授会员以同志相见之握手暗号及秘密口号：如问：何处人？答：汉人，问：何物？答：中国物，问：何事？答：天下事。随即与各会员一一行新握手礼。礼毕，孙中山欣然说道：为君等庆贺，自今日起，君等已非清朝人矣。最后，众人推黄兴、陈天华、宋教仁等八人为起草员，负责起草同盟会章程，提交成立大会上讨论。①

这次会议后，孙中山在革命派中领导地位基本确立。为了扩大他在留日学生中的影响，为同盟会的正式成立作准备，黄兴、宋教仁发起并组织了留日学生欢迎孙中山大会。1905年8月13日欢迎大会在东京曲町区富士见楼举行，到会者一千三百余人，会场气氛热烈，盛况空前。孙中山在会上作了长篇充满强烈民族主义精神的演讲。他抓住了当时年轻的中国人的情绪，许多原来为保皇派立宪主张所迷惑的人，"至是闻总理言，始涣然冰释。"② 同时，孙中山又给人们描绘了一幅中国未来美好前景的图画，点燃了人们心中的希望之火。孙中山赢得了所有有革命倾向的留日学生的信任，为同盟会成立大会的胜利召开铺平了道路。

1905年8月20日，中国同盟会成立大会在东京赤坂区灵南坂日本人坂本金弥寓所举行，到会者有百余人。由黄兴宣读章程并获得通过。会议通过的章程规定以"驱除鞑虏、恢复中华、创立民国、平均地权"十六字纲领为宗旨，以东京为同盟会本部所在地，设总理一人，由会员投票公举，任期四年，可连选连任，总理对于会外有代表本会之权，又于会内有执行事务之权。章程还规定同盟会下设执行、议事、司法三部；执行部下分庶务、内务、外务、书记、会计、调查六科。庶务、内务、外务、会计各科职员各一人，书记科职员无定数；调查科设科长一人，科员无定数，各科职员均由总理指任，并

---

① 陈锡祺主编：《孙中山年谱长编》上册，中华书局1991年版，第344、345页。
② 邹鲁：《中国同盟会》，见中国史学会编《辛亥革命》（二），上海人民出版社1957年版，第6页。

分配其权限。议事部有议本会规则之权，议员由全体会员投票公举，以三十人为限，每年公举一次。章程还规定同盟会在国内设五个支部，即东部（上海）、西部（重庆）、南部（香港）、北部（烟台）、中部（汉口），在国外设4个支部，即南洋（新加坡）、欧洲（布鲁塞尔）、美洲（旧金山）及檀香山。各分部皆直接受本部之统辖，以后又在各省设立分会。会上推举孙中山为总理，黄兴为庶务，协助总理主持本部工作，总理不在时，代行一切。

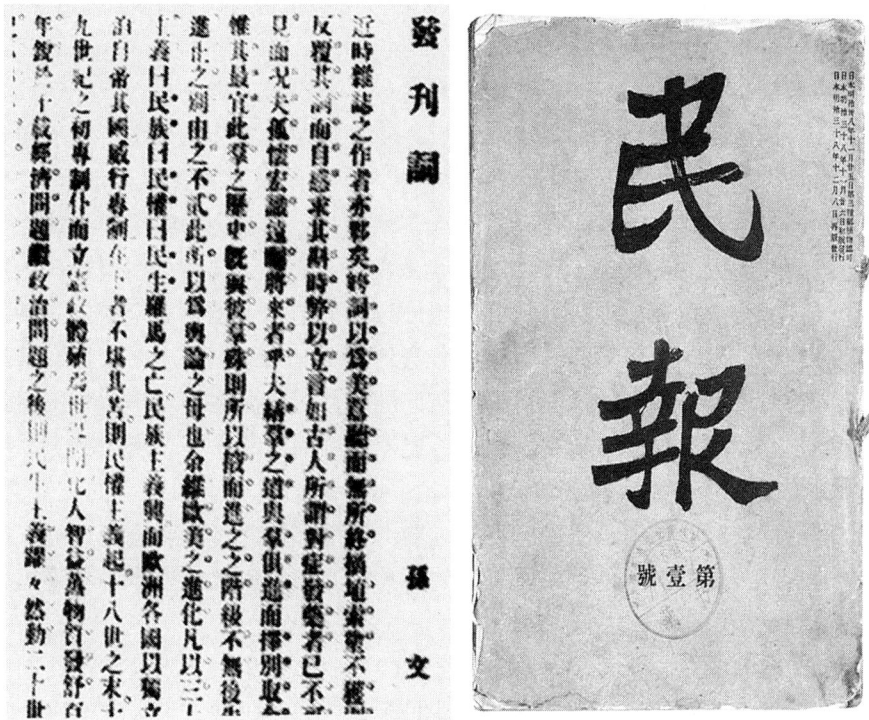

《民报》第一号封面及发刊词

同盟会的宗旨，就是"驱除鞑虏、恢复中华、创立民国、平均地权。"这十六字纲领实则为三大革命，即民族革命、政治革命和社会革命。在同盟会的机关报《民报》的发刊词中，孙中山又把这三大革命概括为民族、民权与民生三大主义，其言曰："余维欧美之进化，凡以三大主义：曰民族，曰民权，曰民生。罗马之亡，民族主义兴，而欧洲各国以独立。洎自帝其国，威行专制，在下者不堪其苦，则民权主义起。十八世纪之末，十九世纪之初，专制仆而立宪政体殖焉。世界开化，人智益蒸，物质发舒，百年锐于千载，经济问题继政治问题之后，则民生主义跃跃然动，二十世纪不得不为民生主义之擅场时代也。是三大主义皆基本于民，递嬗变易，而欧美之人种胥冶化焉。其他旋维于小己大群之间而成为故说者，皆此三者之充满发挥而旁及者耳。"① 从十六字纲领到三民主义，不仅是一种文字的改变，也是一种思想上的深化。它表明同盟会已不同于以往任何的反清秘密组织。这就是它有一个带有强烈时代特征的近代化纲领。这一纲领以"民"为中心，贯穿始终，充分体现了以孙中山为代表的资产阶级革命派已经把握住了时代的思想脉搏，努力追赶世界的民主潮流。

按照同盟会章程规定，凡会员皆有实行本会宗旨，扩充势力、介绍同志之责任。因此，同盟会本部正式成立后，便着手在各省和海外华侨发展组织扩充会员。同盟会本部推定各省一个主盟人，一面吸收本省留日学生入会，一面回国在本省建立同盟会分会。1905 年秋以后，同盟会的组织便迅速在国内各省建立起来。自 1905 年 9 月孙中山派冯自由赴香港与陈少白组建国内第一个同盟会分会以后，国内各地分会也陆续建立起来。据不完全统计，到武昌起义前，全国各地建立的同盟会支分会约有 70 个，遍布 23 个省区，甚至西藏和台湾也有同盟会的活动足迹。与此同时，同盟会在海外华侨中的组织也相继建立。新加坡、马来亚、越南、暹罗、缅甸、菲律宾、澳大利亚、檀香山、美国、加拿大、古巴、秘鲁、墨西哥等地都建立了同盟会的支分会，在欧洲的比利时、德国、法国、英国、瑞士等地都设立了同盟会通讯处。同盟会的这些分支机构为民主革命思想的传播、团结和争取海外华侨与爱国人士同情和支持革命作出了重大的贡献。

同盟会的成立，意义重大，它把全国的革命志士集结起来，有了共同的章程和纲领，共同的宗旨，共同的奋斗目标，共同的领袖。入会者都以个人名义申请，并须履行一定的组织手段，入会后要遵守规定的组织纪律，整个同盟会从本部到支部再到分会，是一个统一的组织，打破了过去的地域观念和习惯。所有这一切，使它区别于以往任何一个革命小团体，成为近代中国第一个资产阶级政党。同盟会的成立，是中国民主革命进程中的一件大事，资产阶级革命派有了统一的指挥中心，就必然为革命事业打开一个新局面。孙中山说："自革命同盟会成立之后，予之希望则为之开一新纪元。盖前此虽身当百难之冲，为举世所非笑唾骂，一败再败，而犹冒险猛进者，仍未敢望

———————

① 孙中山：《〈民报〉发刊词》，《孙中山全集》第一卷，第 288 页。

1905年孙中山委派冯自由等去香港创办同盟会组织的手令

革命排满事业能及吾身而成者也；其所以百折不回者，不过欲有以振起既死之人心，昭苏将尽之国魂，期有继我而起者成之耳。及乙巳之秋，集合全国之英俊而成立革命同盟会于东京之日，吾始信革命大业可及身而成矣。"①

---

① 《孙中山全集》第六卷，第237页。

第三章　社会动员

Disanzhang

Shehui dongyuan

一场革命能否成功，在相当大程度上取决于革命的领导者所采取的社会动员策略。近代以前，中国以农民为主体的革命，从社会动员的角度看，大体有两种情况，一种是临时仓促发难，揭竿而起，事前无系统的社会动员，如陈胜、吴广起义；一种则是秘密结社，暗中动员，悄悄联络群众。直到近代，太平天国和义和团运动，大体也未能超出这两种模式。然而，以孙中山为代表的革命派，在经过了初期的短暂摸索之后，很快便摆脱了传统的社会动员模式，走上了成立革命团体并利用近代新式的舆论工具——报刊来公开宣传鼓吹革命的新道路。这一创举使革命思想得到迅速传播，为后来辛亥革命的胜利奠定了坚实的思想基础和社会基础。

一、联合改良派的尝试

在晚清革命过程中，改良派扮演的是反对革命的角色。但对于革命党人来说，争取改良派同情或支持革命同样是非常重要的。孙中山为此曾做过多次努力。

孙中山联康的想法始于1894年初。那时，孙中山试图与康有为结交，但因双方地位和身份过于悬殊而没有结果。1895年，孙中山在广州开办农学会，又请康有为及其学生梁启超、陈千秋等加入。陈千秋有意加入，但被康有为制止。在康有为眼中，孙中山不过是一海盗式人物，成不了大气候。1896年2月，谢缵泰代表杨衢云会见了康广仁等维新派人士，讨论两派联合与合作问题。同年10月，谢缵泰又与康有为会晤，双方达成合作协议。此后谢缵泰和康广仁还多次代表杨衢云与康有为、梁启超进行谈判，康广仁表示同意谢缵泰的意见，并说，"我们应当把两党的'上层'人士召集起来开一次会议，我们希望看到对王朝和千百万民众都有好处的'和平'革命。""像孙逸仙那样的一些人使我惊骇，他们要毁坏一切，我们不能同这样轻率鲁莽的人联合。

杨衢云是个好人，我想见见他。"①1899年6月，杨衢云在日本横滨与梁启超会晤，再次讨论两派合作问题，但由于康党一心想控制杨派，合作破裂。

孙中山几次想与康有为合作都受到冷遇，但他并不灰心。孙中山从英国脱险后，转赴日本筹备武装起义。当他听说康有为、梁启超因维新运动失败也流亡到了日本，就很想去见见他，想与康有为联手推进革命事业。于是就托宫崎寅藏为之介绍。宫崎把孙中山的意思转告了康有为，不料康有为自称奉清帝衣带诏，不便与革命党往还，再次拒绝见孙。此事为犬养毅所知，犬养毅对革命、保皇两派皆目为新党，一视同仁，他主动出面，邀请孙、陈、康、梁四人到他寓所会谈。

会谈于1899年2月份的一天在东京犬养毅的家里举行。康有为依然托故未来，孙中山、陈少白和梁启超三人会谈十分融洽，但因梁启超无权做主，最终未能达成结果。两天以后，孙中山派陈少白主动拜访康有为，再谈合作问题，亦不欢而散。后来会谈又进行过几次，但都是在康有为缺席的情况下进行的，双方都表示愿意合作，但一到康有为那里，便又都推翻了。

维新运动失败后，日本人营救康有为、梁启超，系奉大隈重信之命。日本政府保护康有为等，基本上是出于与保护孙中山同样的原因。但大隈政府更重视康梁一派，希望通过康梁使光绪帝恢复权力。在日期间，康有为、梁启超以及随康而来的王照受到日本方面的厚待。朝野人士纷纷登门造访。"日相大隈伯、文部大臣犬养毅、外务大臣副岛种臣、内务大臣品川子爵、名士松崎藏之助、柏文郎、陆实、桂五十郎、滨村藏六、陆羯南三宅等，亦常来游。"②1898年11月，日本政府发生变动，大隈内阁瓦解，山县有朋组织新内阁。日本新政府鉴于当时中国国内革命形

梁启超像

① 陈锡祺主编：《孙中山年谱长编》上册，中华书局1991年版，第114页。
② 康文佩：《南海康先生年谱续编》，见《康南海自编年谱》（外二种），中华书局1992年版，第71页。

65

势日渐高涨的情形，觉得康有为东山再起的希望十分渺茫，而且他坚持拒绝与革命派合作，也不符合日本利益，于是对康有为日趋冷淡。[①] 康有为被迫于1899年3月22日离开东京赴加拿大。

康有为离开日本，使一度中断的两派合作会谈又重新开始。摆脱了康有为的控制，梁启超显得异常活跃。他对孙中山的印象不坏，对孙中山的言论主张也很理解，他本人在主持湖南时务学堂时也宣扬过革命，平时对革命也是"甚少反对，而不少赞成"[②]。他处事的原则，也是随时变通，"但可以救我国民者，则倾心助之，初无成心也。"[③] 这些是他接近革命派的基础。所以康有为走后，梁启超与孙中山的往来日趋密切，并渐有赞成革命的趋向，两派合作的问题也几近解决。后来，康有为得知此事，来信把梁启超痛骂了一顿，并命他马上离开日本，去檀香山办理保皇会事务。

梁启超于1899年12月19日起程离开日本。临行，梁启超约孙中山共商国事，誓言合作到底，至死不渝。此后，两派继续就合作问题进行商讨，但因彼此在重大问题上的主张差距过大，进展不大。

1900年1月，慈禧太后欲废光绪皇帝，两派乘机加快起事准备进程。2月，唐才常在康、梁支持下成立"正气会"。不久，为吸收长江中下游一带会党，正气会改为自立会，并组织自立军，唐才常负责运动各省会党及防军发难，康、梁师徒负责向海外华侨募集饷糈接济义师。[④] 在起事地点方面，康有为等主张出兵桂、湘以窥鄂，而梁启超等则主张先取广东，然后在此建立政府，争取外人的同情

唐才常像

① 陈锡祺主编：《孙中山年谱长编》上册，中华书局1991年版，第177页。

② 陈少白：《兴中会革命史要》，见中国史学会编《辛亥革命》（一），上海人民出版社1957年版，第64页。

③ 丁文江、赵丰田编：《梁启超年谱长编》，上海人民出版社1983年版，第181页。

④ 陈善伟：《唐才常年谱长编》下册，第586页。

与支持。至于革命后的人事安排，"保皇"固然是其预定的目标，但梁启超却有不少疑虑：从南方起事，去救皇上，如何然后可以使皇上脱离苦海？若直捣北京，兵力能敌荣禄下属的五军吗？即能敌之，俄国人会不会出而干涉？若俄吞噬北京，实践其势力范围，英、法又岂肯坐视？若先画江以待力足，则皇上忧病之躯，能等得了那么久吗？万一不能待我之救，则彼时当如何？对于两广总督李鸿章，梁启超建议："得省城不必戕肥贼，但以之为傀儡最妙。此举有数利：示人以文明举动，一也；借势以寒奸党之心，二也；西人颇重此人，用之则外交可略得手，三也；易使州县地方安静，四也。"① 梁启超之主张在广东起事与利用李鸿章，似与同孙中山先前的约定有关，孙主张首先在广东起事，迫李鸿章黄袍加身，自立政府。而康有为、唐才常等则倾向于首先在两湖起事，事后由张之洞出面主持组织政府。

1900 年 7 月 26 日，唐才常等经过一个多月的筹备，在上海愚园召开中国议会。到会者有容闳、严复、唐才常、章炳麟、文廷式等五十余人。与会者公推容闳为临时会长，严复副之，唐才常为总干事。三天之后，再次集会，议定章程及宗旨如下：（一）保全中国领土与一切自主之权；（二）力图更新，日进文明；（三）保全中外交涉和平之局；（四）入会之人专以联邦交、靖匪乱为责任。在此宗旨之下，实行三事：尊光绪皇帝，不认端王、刚毅等，并努力讲明新政法而谋实施之。②

上海愚园国会召开后，唐才常等加紧策划起事，计划以武汉为中心，先在两湖、安徽、江西等地起义，然后移师西安，底定中原。原定 8 月初起事，因康有为海外募款迟迟不到，不得已一再推迟。到 8 月 14 日，八国联军攻入北京，光绪皇帝及慈禧太后出逃；同时，安徽大通的起义为刘坤一所败，传张之洞将尽拘康有为等人，唐才常遂决定于 8 月 22 日先夺取汉阳兵工厂，以为军资，然后率部渡江攻占武昌，24 日向中外发布公告，成立自立军政府。为此，唐才常与容闳事先用英文拟了对外宣言，据清政府官吏所做的翻译，自立军宣言主要内容如下：

> "现因端王、荣禄、刚毅暨一概骄横旧党，暗中主使劝助拳匪滋
> 事，我等中国自立会诸人，现在已经持械起义，特此布告男女洋人

---

① 丁文江、赵丰田编：《梁启超年谱长编》，第 220 页。

② 日本人井上雅二《日记》中 1900 年 7 月 30 日条补记 29 日中国议会开会情形，转引自陈善伟《唐才常年谱长编》下册，第 603 页。

知悉：我等谓满洲政府不能治理中国，我等不肯再认为国家。变旧中国为新中国，变苦境为乐境，不特为中国造福，且为地球造福，系我等义事所应为之责。我等定议，合今日上等才识，议易国家制度，务使可为天下之表式。本会之宗旨，系使百姓保有自主任便议权。我等联合各国之意向相同，剿平昏迷狂邪之乱德，惩办仇视洋人凶恶僭位诸人。各国洋人租界，各教礼拜堂，中外耶教人之性命产物，定必保护，不加扰害。特此布告汝等，我等所为，不必惊惶。"①

该宣言英文稿中尚有"我们定将恢复光绪皇帝帝位，建立宪政国家"等内容未译。尽管如此，我们看到，自立军的计划中，已经明确宣布不再承认"满洲政府"，不再认其为"国家"；光绪皇帝并不是作为满人中的一员，而只是作为帝位的象征来对待的，而且起事后建立的政府将不再是传统的帝制，而是宪政。从这方面来说，清吏的翻译尽管有漏译和不准确之处，但总的精神却还算把握得准确。同时，康有为、梁启超、唐才常等人的政治主张在文字措辞上虽然与孙中山革命派有所不同，但在不承认"满洲政府"这一点上，却是殊途同归。

不幸的是，8 月 22 日，不等唐才常按计划起事，张之洞即派兵搜查自立会各机关，并逮捕唐才常等数十人，唐旋即被杀，起义流产。

二、革命与改良的大论战

自立军起事失败之后，康、梁放弃武力保皇，转向通过和平合法的手段来实现其政治目的，而以孙中山为首的革命党则更加坚定了武装排满的决心。自此之后，两派不仅政纲不同，而且因海外筹款等问题也时时发生矛盾冲突，关系日趋紧张，终于演变成两派间的全面敌对和论战。1902 年，康有为发布《致美洲华侨论中国只可行君主立宪不可行革命书》及《与同学诸子梁启超等论印度亡国由于各省自立书》两封长信，阐述君主立宪理论，反对革命排满。梁启超将此两信以《南海先生辨革命书》为题刊于《新民丛报》第 16 号，开

---

① 陈善伟：《唐才常年谱长编》下册，第 625 页。英文原文及其与译文的差别，亦可见该书第622—627 页。

始引起两党在海内外的争论。1903 年双方论争出现一个小高潮。在香港，革命派以《中国日报》为阵地与保皇派在广州的《岭海报》进行笔战。在上海，革命派以《苏报》为阵地，与汪康年主持的保皇派刊物《中外日报》展开论战。《中外日报》于是年 6 月刊载《革命驳议》一文，《苏报》即发表《驳〈革命驳议〉》一文，针锋相对予以反击。在檀香山，孙中山在《檀山新报》上发表《敬告同乡书》及《驳保皇报书》，与保皇派的机关报《新中国报》展开论战。次年 5 月，孙中山赴美，改组《大同日报》，继续与保皇派论战。

1905 年，同盟会成立之后，这种论战达到高潮。

同盟会成立时，原本决定以《二十世纪之支那》为机关报，但该刊第二期登有蔡序东的文章《日本政客的支那经营谈》，抨击日本的侵华政策，被日本警方以"有害公安"罪没收停刊。同盟会只好另出机关报，取名为《民报》。《民报》于 1905 年 11 月创刊，1908 年 10 月第 24 号出版后又被日本政府封禁。先后担任《民报》编辑兼发行人的有张继、章炳麟、陶成章等。1906—1907 年间，《民报》与改良派的主要舆论阵地《新民丛报》之间展开了一场声势浩大、意义深远的大论战。

《新民丛报》创刊于 1902 年 2 月，其意"取大学新民之义，以为欲维新吾国，当先维新吾民。"① 该报名义上的编辑兼发行人是冯紫珊，实际则由梁启超一手主持。参与此次论战的，《新民丛报》方面，主要是梁启超，绝大部分论战文章出自梁手；《民报》方面则有汪精卫、胡汉民、章炳麟、朱执信等，阵容远较《新民丛报》强大。孙中山虽然没有亲自著文参与论战，但《民报》上的不少文章是由他口授的。当两报展开争论之时，东南亚、北美等地华文报刊也分成两派，各执一词，互不相让，演成了一场思想大战。

梁启超自 1903 年 11 月游美返日后，言论思想大变，彻底放弃了以前所深信的"破坏主义"和"革命排满"主张。不久他就在《新民丛报》第 38、39 号合刊上发表《政治学大家伯伦知理之学说》一文，标明保皇，力辟革命。1904 年春，他又在《新民丛报》第 46、47、48 号合刊发表《中国历史上革命之研究》一文。据他"研究"，中国历史上的革命有七大特色：（一）有私人革命而无团体革命；（二）有野心革命而无自卫革命；（三）有上等、下等社会革命而无中等社会革命；（四）革命之地段广阔，祸及全国；

————————

① 《本刊告白》，《新民丛报》创刊号。

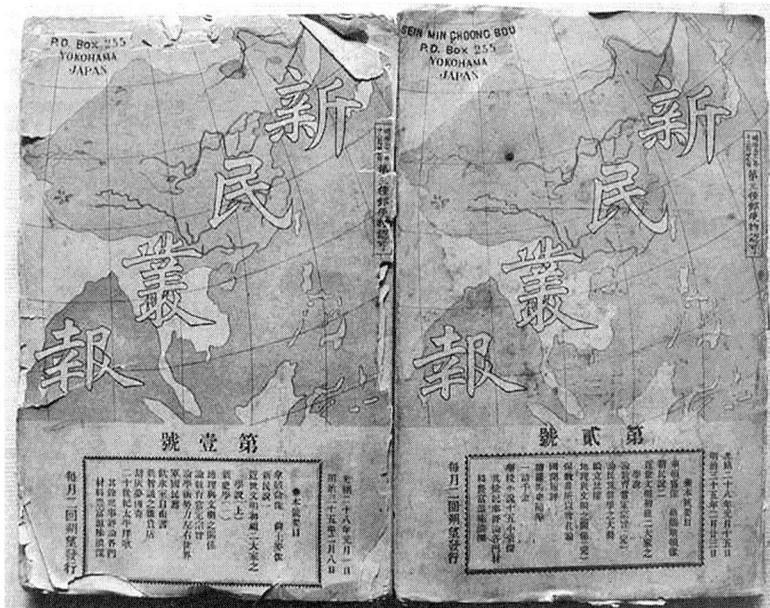

《新民丛报》封面

（五）革命之时日悠长，影响生计；（六）革命者与革命者复有交涉；（七）革命军或旧政府借外力影响国运。其结论是：不可革命。此外，梁启超还发表一系列文章，说中国民智未开，不宜实行共和，只宜实行专制。梁启超的言论流传很广、影响很大，革命派被逼无奈，不得不驳梁以证明革命的正当性。

1905 年 11 月，《民报》正式发刊，第一号就发表了汪精卫的《民族的国民》、朱执信的《论满洲虽欲立宪而不能》、陈天华的《论中国宜改创民主政体》等文。汪精卫在文中提倡国民主义，以一民族为一国民，鼓吹排满，并指责康有为、梁启超"妖言惑众"。[①] 朱执信、陈天华的文章都对梁启超所谓国民程度问题进行了反驳，力言中国可以实行民主共和。梁启超立即于 1906 年年初在《新民丛报》第 1、2、3、5 号上连续发表《开明专制论》，加以反击。他认为，中国人程度太低，"与其共和，不如君主立宪，与其君主立宪，

---

① 精卫：《民族的国民》，《辛亥革命前十年间时论选集》第二卷上册，生活·读书·新知三联书店 1963 年版，第 98 页。

又不如开明专制"。① 同时，梁启超又
在同年该刊第 4 号上发表《申论种族
革命与政治革命之得失》，对汪精卫
的《民族的国民》及《民报》第 2 号
汪东的《论支那立宪必先以革命》一
文提出反驳，重申种族革命不可能达
政治革命之目的，异族君主也可以立
宪，革命足以引起列强的干涉等。文
中梁启超还写道，"以上所驳，吾欲
求著者之答辩，若不能答辩，则请取
消前说可也。"② 这样迫使《民报》不
得不起而应战。《民报》与《新民丛
报》的大论战就此拉开了序幕。论战
主要围绕以下三大问题展开：（一）
革命还是改良？（二）君主立宪还是
民主共和？（三）要不要实行土地
国有？

汪精卫像

　　关于第一个问题，《新民丛报》认为，革命是煽动下层民众暴动，会导致
内乱，甚至招致外国的干涉，结果就是亡国灭种。梁启超根据德国政治学家
波仑哈克的理论，认定中国实行革命的结果，决不可能得共和而反以得专制。
这是因为，"因习惯而得共和政体者常安，因革命而得共和政体者常危。"③
他又说，革命军发动之后，必定会有其他许多革命军起来响应，将不能保证
这些军队都服从军政府；如果要推行共和政体，必定要引起激烈的党争，每
改选一次总统，将有一次大革命。总之，革命必生内乱，国内秩序如不能恢
复，又将引起外国的干涉，所以革命必召瓜分。为什么会出现这种情况呢？
这是因为中国民智未开，尚不到利用民气之时。④ 针对《新民丛报》的上述

　　① 饮冰：《开明专制论》，《辛亥革命前十年间时论选集》第二卷上册，生活·读书·新知三联
书店 1963 年版，第 168 页。
　　② 饮冰：《申论种族革命与政治革命之得失》，《辛亥革命前十年间时论选集》第二卷上册，生
活·读书·新知三联书店 1963 年版，第 218 页。
　　③ 梁启超：《开明专制论》，《辛亥革命前十年间时论选集》第二卷上册，生活·读书·新知三
联书店 1963 年版，第 166 页。
　　④ 梁启超：《论民气》，《新民丛报》第 72 号。

观点，《民报》指出，革命不会招致内乱，因为革命的目的是要建立共和国家，破坏只是它的手段，而建设才是它的目的。"破坏其所不适宜者，而建设其所适宜者，本乎建设之目的，以行破坏之手段，其现象乌得有恶乎？"只要革命党人建立了汉民族的国家，实现民主立宪政体，发扬自由、平等、博爱精神，就决不会出现群雄争夺的内乱现象。革命也不会招致瓜分，因为中国被瓜分的原因在于中国不能独立，而中国不能独立是由于清政府腐败。因此，"满洲政府一日不去，中国一日不能自立，瓜分原因一日不息。"况且，此次革命"为秩序的革命"，"毫不参以排外的性质"，① 外国也无干涉中国革命的理由。

关于第二个问题，《新民丛报》反对实行民主共和政体而主张实行君主立宪政体，其主要理由是中国民智未开，国民程度不够。梁启超认为，中国国民并不具备实行议院政治的能力，也不具备成为共和国民之资格。所以中国政治，不能采用共和立宪制。他甚至觉得君主立宪制也不能立即实行，还必须经过10年甚至20年的"开明专制"，作为立宪之预备。② 《民报》对梁启超的这种观点进行了有力反驳。陈天华指出，中华民族的聪明才智，"于各民族中，不见其多逊"，只因为后来长期处于专制政府的压制之下，才"稍稍失其本来，然其潜势力固在也"，只要稍加提倡鼓励，短时间内当可以恢复。③汪精卫则认为，实行君主立宪还是民主共和，并不取决于人民程度的优劣，而是取决于君权与民权力量的消长，"民权锐进，君权消灭者，则成民主立宪；民权锐进，君权让步，于是相安者，则成君主立宪。"他认为，《新民丛报》的错误，就在于一方面认为我国民有立宪能力，一方面又认为我国民程度只能行君主立宪，不能行民主立宪，不免互相矛盾，"盖该报之意，以为君主立宪，以政府开明专制致之，民主立宪，则以国民革命致之，而因其信满人不信汉人，信政府不信国民之故，是以言君主立宪，吾可决其言之不成理也。"④

关于第三个问题，双方都投入了很大精力。论争主要围绕三个方面展开：（一）社会革命是否必要？ （二）社会革命与政治革命并行是否可能？

---

① 精卫：《驳革命可以召瓜分说》，《辛亥革命前十年间时论选集》第二卷上册，第467页。
② 梁启超：《开明专制论》，《辛亥革命前十年间时论选集》第二卷上册，第182页。
③ 思黄：《论中国宜改创民主政体》，《辛亥革命前十年间时论选集》第二卷上册，第121页。
④ 精卫：《再驳"新民丛报"之政治革命论》，《辛亥革命前十年间时论选集》第二卷上册，第477页。

（三）土地国有的方法是否可行？

关于社会革命的必要性，孙中山认为社会革命迟早会发生，欧美社会之祸，潜伏之数十年之久，到现在才显现，又无法根除，相较而言，社会问题"在中国却还在幼稚时代，但是将来总会发生的。到那时候收拾不来，又要弄成大革命了。"① 换言之，孙中山之所以力主在实行政治革命的同时，进行社会革命，原因在于欧美发达国家社会问题积重难返，无力解决，演成革命，中国应吸取他们的经验教训，趁现在经济还未发达、社会问题还没有产生之前，提前采取预防措施，消灭将来可能产生的社会问题。朱执信后来进一步发挥说，由于中国社会经济组织不完全，放任自由竞争造成贫富悬殊，在这种状况下当然要实行社会革命，即使尚未达到贫富悬殊的地步，也可实行社会革命，"盖社会革命者，非夺富民之财产，以散诸贫民之谓也"，社会革命的真义，是"取其致不平之制而变之，更对于已不平者，以法驯使复于平。"② 因此决不能因为中国今日尚未出现欧美社会问题就不主张社会革命。从《民报》的有关言论看，贯穿于社会革命中间的是一个平等观念。

《新民丛报》对此不以为然。它认为，《民报》所主张的民生主义只不过是撮拾蒲鲁东、圣西门、马克思等人的"余唾"，土地国有完全是一种空想，如果照《民报》所说，实行社会革命，必然引起社会动乱，导致国家陷入万劫不复的深渊。梁启超说，社会革命就是"以野蛮之力，杀四万万人之半，夺其田而有之"，就是"利用此以博一般下等社会之同情，冀赌徒、光棍、大盗、小偷、乞丐、流氓、狱囚之悉为我用"，其结果"必无成而徒荼毒一方。""故虽以匕首掭吾胸，吾犹必大声疾呼曰：敢有言以社会革命即土地国有制，与他种革命同时并行者，其人即黄帝之逆子，中国之罪人也，虽与四万万人共诛之可也。"③

显然，梁启超对社会革命的真实含义有误会之处，因而遭到《民报》的嘲讽。孙中山说他是"未知其中道理，随口说去"，也就"不必去管他。"④这反而更加激起了梁启超的辩解欲望，他变换角度，从中西社会结构不同的

---

① 孙中山：《在东京〈民报〉创刊周年庆祝大会的演说》，《孙中山全集》第一卷，中华书局1981年版，第326页。

② 县解：《论社会革命当与政治革命并行》，《辛亥革命前十年间时论选集》第二卷上册，第437页。

③ 饮冰：《开明专制论》，《辛亥革命前十年间时论选集》第二卷上册，第188、189页。

④ 孙中山：《在东京〈民报〉创刊周年庆祝大会的演说》，《孙中山全集》第一卷，第329页。

角度来立论，他认为中国所患在贫，不在不均，土地问题并不是中国最重要的问题，因为除了土地以外，还有许多因素影响社会经济的发展，仅将土地收归国有，而其他大部分仍为私有，不可能有圆满的社会革命。"圆满之社会革命，虽以欧美现在之程度，更历百年后，犹未必能行之，而现在之中国更无论也。"①

朱执信像

关于社会革命与政治革命之间的关系，《民报》一贯主张社会革命当与政治革命并行。孙中山反复强调过要举政治革命、社会革命毕其功于一役。《新民丛报》认为这是不可能的，社会革命与政治革命并行犹如"舟行逆风而张两帆"，无法行走，因为即使有人同情政治革命，却因为不同情社会革命而不参加革命，何况反对社会革命者多属上流社会的人士，因此，如果实行社会革命与政治革命并行，必定失败。针对《新民丛报》的批评，《民报》立即作出了反应，先是《民报》第4号转载了冯自由的《民生主义与中国政治革命之前途》一文，接着又在第5号上刊登朱执信《论社会革命当与政治革命并行》一文，对《新民丛报》的观点进行反驳。冯自由在文中根据西方的历史经验，重申"为祖国同胞计，为世界人类计，不可不综合民权民族民生三大主义而毕其功于一役。"② 朱执信在文中分析了社会革命与政治革命种种相关之处，认为两大革命完全可以并行，而且其效果

---

① 梁启超：《社会革命果为今日中国所必要乎?》，《辛亥革命前十年间时论选集》第二卷上册，第341页。

② 自由：《民生主义与中国政治革命之前途》，《辛亥革命前十年间时论选集》第二卷上册，第424页。

"有相利而无相害".①

1906 年 12 月，孙中山在《民报》周年纪念大会上发表演讲，提出了用"定地价"的办法解决社会问题。梁启超针对孙中山的演说，在《新民丛报》发表《杂答某报》一文，抨击孙中山与朱执信的观点。接着胡汉民在《民报》上发表《告非难民生主义者》一文，为土地国有论辩护。梁启超又发《再驳某报之土地国有论》一文，朱执信则以《土地国有与财政——再驳〈新民丛报〉之非难土地国有政策》一文作回应。此次双方争论的焦点在于土地国有的方法是否可行。《民报》的基本观点是，土地国有，可以通过两种方法进行：（一）先发给国债券，然后偿还；（二）划定地价后，买卖仍可进行，增值悉归国家，然后渐渐按原定价赎买。《新民丛报》对这个办法表示怀疑，他们说，政府在核定地价后随即收买呢，还是过了很久才收买呢？不管是哪种情况，地价都不会上涨。梁启超从财政上、经济上、社会上列举了三十多条理由力求从学理上证明土地国有制不可能实现。

《民报》与《新民丛报》的这场大论战，历时两年多，论战的结果，革命党方面，胡汉民宣称："交战之结果，为《民报》全胜。梁弃甲曳兵，《新民丛报》停版，保皇之旗，遂不复见于留学界。"② 而改良派方面，梁启超则说："自去年《新民丛报》与彼血战，前后殆将百万言，复有晢子所办《中国新报》、旗人所办《大同报》助我张目，故其势全熄，孙文亦被逐出境，今巢穴已破，吾党全收肃清克复之功，自今以往，决不复能为患矣。"③ 这场论战抛开谁胜谁败不论，单就双方所提出的主张而论，革命派的主张更适合当时的社会心理，更能鼓舞人民起来推倒腐朽的清朝政府，更能动员千百万群众参加到挽救国家危亡的革命行动中来。相比之下，立宪派的计划则显得不合时宜，与时代格格不入。但是，革命派的革命主张正确，并不等于一切都正确；立宪派的政治主张不合时宜，但提出此种主张的依据则有其可取之处。革命派的反满宣传把一切仇恨集中在满族统治者身上，其结果容易放跑帝国主义列强这个最凶恶的民族敌人。在宣传暴力革命时，他们在骨子里与改良派一样，也害怕广大群众的革命行动，鼓吹"秩序的革命"，当真革命到来时，他们的这种弱点便暴露无遗。孙中山的"平均地权"主张，含有在农村解决农民土地问题的思想，但孙中山想以土地国有的办法去限制当时并不发

---

① 朱执信：《论社会革命当与政治革命并行》，《朱执信集》上集，中华书局 1979 年版，第 69 页。

② 《胡汉民自传》，《近代史资料》总第 45 号。

③ 丁文江、赵丰田编：《梁任公先生年谱长编》（初稿），中华书局 2010 年版，第 212 页。

达的资本主义的发展，这显然是过早了，超前了。当时的中国，不是多了资本主义，而是少了资本主义。在这点上，梁启超鼓励资本主义发展的主张，反倒是符合中国国情的。当然，从总体看，革命派的"是"与改良派的"非"是双方各自的主流。这是两种方法、两条道路之间的一次较量。这次论战使双方都不得不静下来细细考虑自己的立场和主张，澄清了一些原来模糊的理论问题，进一步划清了革命与改良在政治上、思想上的界限，有力促进了民主共和思想的传播。

三、"历史"的争夺

为了更广泛地动员民众，革命派与改良派还展开了对"历史"的争夺。

革命党人和进步知识分子方面，几乎从一开始就比较注意对历史资源的发掘利用，希望发掘和利用一切有利于"反满革命"的历史事件和传统，动员广大汉族群众支持其革命事业。1903 年 10 月，《江苏》杂志上一篇题为《民族精神论》的文章中指出："民族精神滥觞于何点？曰：其历史哉，其历史哉！"同年 9 月《浙江潮》也刊文指出，"历史为国魂之聚心点，国民爱国心之源泉"。《民报》主笔章太炎说：若以种庄稼来比喻民族主义，那样要培养好民族主义，使之开花结果，就要"以史籍所载人物、制度、地理、风俗之类为之灌溉"，那样，它才能"蔚然以兴"，否则，"徒知主义之可贵，而不知民族之可爱，吾恐其渐就萎黄也。"[1] 陶成章主编《民报》时的方针也是"专以历史事实为根据，以发挥民族主义，期于激动感情"。[2] 他们所发掘出的历史资源，既有"世界第一之民族主义大伟人"黄帝，也有"中国民族主义第一人"的岳飞，为"民族流血"、"驱逐鞑虏"、恢复汉人主权的民族大英雄明太祖朱元璋。而被他们发掘利用的最大的"历史"资源，则涉及清朝入关前后的历史。这之中包括抗清的英雄史可法，民族英雄郑成功，明清之际具有民族气节的大学者顾炎武、黄宗羲、王夫之等。

为了宣传反清革命思想，在孙中山的支持下，章太炎、秦力山等决定于明末崇祯皇帝自缢身亡的日子（三月十九日），在东京发起"支那亡国二百四十二年纪念会"，借纪念明朝灭亡，激发留学生对清王朝统治的仇恨。章太炎

---

① 《答铁铮》，《民报》第十四号，1907 年 6 月。
② 《本社特别特别广告》，《民报》第十九号，1907 年 12 月。

亲自撰写亡国纪念会书，内称："自永历建元，穷于辛丑，明祚既移，则炎黄姬汉之邦族，亦因以澌灭。顾望皋渎，云物如故，维兹元首，不知谁氏。支那之亡，既二百四十二年矣，民今方殆，寐而占梦，非我族类，而忧其不祀。觉寤思之，毁我室者，宁待欧美？"[①]

这次亡国纪念因日本警方的干预而多费周折，章太炎等被传唤，如期赴会的留学生被日本警察劝散，但在孙中山紧急策划下，三月十九日下午在横滨补行纪念会，六十余人出席纪念会，孙中山主持，章太炎致辞。

此次"亡国纪念"，最值得注意的，在于它提出了两个重大问题：（一）清朝入关以后，中国是否已亡

章太炎像

国？（二）与此密切相关的是，满族是不是中国人？这两个问题看似是现实问题，但它们背后所牵连的，却是如何看待和评价明末以来直至 20 世纪初的历史。在革命党人看来，这两个问题的答案，一个肯定，一个否定，都是不必讨论的，都是确凿无疑的。

1904 年 8 月 31 日，孙中山在美国发表《中国问题的真解决——向美国人民的呼吁》一文，文中提出，中国人现在并没有自己的政府，以"满清政府"来指称"中国政府"是错误的，因为满洲人在与中国人发生接触以前，本是在黑龙江地区旷野中漂泊无定的游牧部落。他们时常沿着边界侵犯并抢劫和平的中国居民。明朝末叶，中国发生大内战，满洲人利用那个千载难逢的机会，用蛮族入侵罗马帝国的同一种方式，突然袭来，占领了北京。这是 1644 年的事。中国人不甘心受外族的奴役，向侵略者进行了最顽强的反抗。满洲人为要强迫中国人屈服，残酷地屠杀了数百万人民，其中有战斗人员与非战斗人员、青年与老人、妇女与儿童，焚烧了他们的住所，劫掠了他们的家室，

① 章太炎：《太炎文录初编》文录卷二，上海书店出版社 1992 年版，第 33、34—35 页。

并迫使他们采用满洲人的服饰。据估计，有数万人因不服从留发辫的命令而被杀戮。几经大规模流血与惨遭虐杀之后，中国人才终于屈服在满清的统治之下。满洲人所采取的另一个措施，就是把所有涉及他们的对华关系与侵华事实的书籍文献加以焚烧销毁，借以尽其可能地使被征服了的人民愚昧无知；他们又禁止人民结社集会以讨论公共事务，其目的乃是要扑灭中国人的爱国精神，从而使中国人经过一定时间之后，不再知道自己是处在异族的统治之下。①

孙中山这篇文章是用英文在海外发表的，针对的主要是欧美的读者，当时国内能够看到的人并没有几个。他的这一思想得到系统阐释还是在《民报》创刊之后。

在《民报》创刊号上，朱执信发表《论满洲虽欲立宪而不能》，断言必须民族相同才能立宪，"能立宪者，惟我汉人。汉人欲立宪，则必革命。彼满洲即欲立宪，亦非其所能也。"② 汪精卫则在这一期上发表代表革命党人"反满"理论高峰的长文《民族的国民》，开门见山即指出："呜呼！满洲入寇中国二百余年，与我民族，界限分明，未少淆也。"③ 在他看来，"满洲与我，族类不同，此我民族所咸知者也。即彼满人，亦不觍然自附。观其《开国方略》云：'长白山之东，有布库哩山，山下有池，曰布勒瑚里。相传有天女三，浴于池，有神鹊衔朱果置季女衣，取而吞之，遂有身，生一男。及长，命以爱新觉罗为姓，名曰布库哩雍顺云云。'是则满族与我，真若风马牛之不相及，无他之问题，可以发生。"④

对于《民报》发表的这些文章，尤其是汪精卫的文章，梁启超等极不赞成，很快从近代国家理论和中国历史两方面，对之提出了系统的批评意见。梁启超等认为，在决定要否"反满"之前，应先弄清两个问题：第一个是"自满洲入关后中国果已亡国否"，第二个是"今之政府为满洲政府乎抑为中国政府乎"。

关于第一个问题，梁启超认为：近代所谓的国家，包括国民、领土、主权三大要素，三者缺一，则不成国家。对照这一标准来看，中国的领土、人民、主权都是自黄帝以来一脉相承的。而历朝历代的帝王，都只不过是总揽

---

① 《孙中山全集》第一卷，中华书局 2006 年版，第 249—250 页。

② 《民报》第一号，光绪三十一年十月二十日，1905 年 11 月 26 日。

③ 精卫：《民族的国民》，载《民报》第一号，光绪三十一年十月二十日，1905 年 11 月 26 日。

④ 精卫：《民族的国民》（续），载《民报》第二号，光绪三十二年，1906 年 5 月 6 日。

统治权者而已，他们都是代表着国家的统治机关，而非国家本身。"故中国自有史以来，皆可谓之有易姓而无亡国。"如果把总揽统治权者的替换说成是"亡国"，那么，"中国之亡，不啻二十余次矣"。明朝的朱氏，现在的爱新觉罗氏，都只不过是"总揽统治权者之更迭"，这种更迭"于我国家之存亡，丝毫无与者也。"至于第二个问题，梁启超认为，现在的满族皇室，起源于建州卫。"建州卫则自明以来，我国之羁縻州也，其酋长时受策命以统其部，如云南、四川、广西之土司然。"如果说西南土司所管辖下的人民，我们不能不认为是中国的人民，那么，"明时建州卫之人民，亦不能不认为中国之人民，爱新觉罗氏，亦我固有人民之一分子而已。"清太祖努尔哈赤在明朝时曾受龙虎将军之职，因此，"清室之先代，确为明之臣民，亦即为中国之臣民，铁案如山，不能移动矣。"清朝代明，不过是本国臣民对于旧的王朝发起内乱篡夺政权而获成功而已，决不能说是一个国家吞并了另外一个国家，亦即清朝取代明朝是中国内部朝代更替，而不是一个外国侵略灭亡了中国。梁启超的结论很明确：满族是中国人，中国自有史以来，只有"易姓"而无"亡国"，"满洲政府"不是外国政府，而是中国政府。[①]

革命派看到梁启超在《新民丛报》第十二号上所发上述文章后，认为梁启超犯了五大"蔑视历史"的错误："一，以满洲侵入之历史，等诸储贰继嗣之历史；二，以满洲侵入之历史，等诸权臣篡窃之历史；三，以满洲侵入之历史，等诸国民革命之历史；四，以满洲侵入之历史，等诸那威迎君之历史；五，以满洲侵入之历史，等诸丰沛承宠之历史。"总之，梁启超的错误是对于中国历史"一笔抹杀"。汪精卫指出：革命党人之所以立志排满者，是"因满汉不同族也，因满洲人在明时本非中国之臣民也，因满洲人灭吾国也。凡此于种族上、政治上、历史上、国民心理上皆铁案不移，而汉人亦无不知之者。非独汉人知之，即满洲人亦知之"，只有康有为这样的人才说"满洲种族出于夏禹"，梁启超这样的人才说"满洲人本中国之臣民，未尝灭中国"。康、梁这样"以亡国之民而忘亡国之历史"，实在令汉人"羞之"。汪精卫的总结论是："满洲先非中国之臣民，后为中国之敌国，则其长驱入关，中国以战败之结果而亡，满洲以战胜之结果而盗国，二百六十有余年于兹。吾人所为驱除鞑虏、恢复中华者，诚唯一之责任也。"

---

① 饮冰：《杂答某报》，《新民丛报》第四年第十二号，光绪三十二年六月十五日，1906 年 8 月 4 日。

梁启超则针锋相对，发表《中国不亡论——再答某报第十号对于本报之驳论》等文，坚持自己的主张。梁启超说："我所主张者，谓满洲非国耳，谓满洲人为中国之臣民耳。"按照汪精卫等人所做的"考据"，则更加说明满洲入关以前不是国家。满族的祖先范察既是爱新觉罗氏的远祖，而范察之兄为建州左卫都督，这都督一职不明摆着是明朝官职吗？范察的侄子董山为建州卫指挥，这指挥一职不也明摆着是明朝的官职吗？从这里更可以看出，在接受龙虎将军封号之前，满族的祖先早就已经实实在在地具有了明朝臣民的资格。"若以受天朝羁縻，弱则戢服，强则盗边，而指为非臣民之据也，则中唐淮蔡诸镇何一非受羁縻，弱则服而强则寇者，然则亦得以此之故，而指诸镇非唐之臣民乎？必不然矣。"至于说满族与中原其他人民不同，就不是中国的臣民，这是不能成立的。因此，"满洲之本为中国臣民，虽百口不能动，此铁案也。"

这场围绕着政治革命而展开的历史资源争夺大战，涉及中国历史上的一个极其重大的问题：哪一个政权代表中国？革命派认为只有汉人建立的政权才是中国，如果不是汉人当政，如果是汉族以外的人当政，则中国就是亡国，入主中原者虽仍号称中国，但却决不是中国。按照汪精卫的说法，就是"犹契丹为辽，女真为金，蒙古为元，皆以其名施诸中国，更不别立辽、金、元于其本部也，然辽、金、元终不得混于中国。"[1] 梁启超则认为："中国自有史以来，皆有易姓而无亡国"。对中国人民而言，这是一笔"神圣"的历史财富，但革命党人"无端造作妖言，指为已亡，不祥莫大焉！"[2]

实事求是地说，梁启超为代表的立宪派的历史观是符合中国历史发展进程本身的，其主要结论"满洲为中国之臣民"及"中国自有史以来皆有易姓而无亡国"，不仅是对中国既往历史发展过程的精辟总结，也是对于现实政治的一种希望和理想。相比之下，革命党人为了论证革命事业的正当性和合法性，不惜扭曲历史以服务于现实，为了按照西方近代理论模型建设一个"单一民族国家"，竟然把长期生活在中国境内的满族及其建立的地方政权，说成近代意义上的"外国人"及"外国"，把清朝入关执掌政权视作中国的"亡国"。这一错误的历史观虽在革命动员过程中一度起过积极作用，但其潜在的危险却很快暴露出来。此后，孙中山等革命党领袖以实际行动改正了自己的历史观上的错误。

---

① 精卫：《杂驳〈新民丛报〉第十二号》。

② 饮冰：《中国不亡论——再答某报第十号对于本报之驳论》，《新民丛报》第四年第十四号，光绪三十二年七月十五日，1906 年 9 月 3 日。

四、反满舆论的形成

在近代以前，满汉之间经过长期共同生活，已经相融相安，除一般秘密结社之外，普通民众之中，尤其是士大夫阶层中，已经很少有人再提满汉关系之事。

之所以这样，不是没有原因的。1644 年，明朝灭亡，清朝建立。新兴的清王朝入关之初，朝气蓬勃，尤其是第二任皇帝康熙（1662—1722 在位）继位以后，先后平定"三藩之乱"，收复台湾，粉碎准噶尔上层分子的分裂企图，基本上完成了国家的统一大业。此后，康熙又采取了一系列有利于社会经济发展的措施。其后继者雍正皇帝（1723—1735 年在位）又实行"摊丁入亩"政策，取消人丁税，使生产迅速恢复和发展。经过一百多年，到 18 世纪中叶，即从顺治皇帝，中经康熙、雍正，到乾隆皇帝时，经济日趋繁荣，社会日趋稳定，国家的财政收入和储备不断增长，史称"康乾盛世"，人民生活安定幸福，中国成为当时世界上强大而文明的国家。清代有学者总结清朝中期以前的成就时称：清朝"超越前朝者八事：四圣相承，宽猛相济，帝德之隆，一也。台湾、青海，亦入版图，幅员之广，二也。椒房不预政事，母后无垂帘之失，三也。内竖止给洒扫，无宦官干政之嫌，四也。外戚不侈，五也。宰执无权，六也。即位改元不再元，康熙至六十一年，运数之绵，七也。外方平治，无和亲致币之事，御守之略，八也。"①

应该说，在进入近代之前，清朝无论是从疆域上说，还是从经济社会、学术文化等方面的发展来说，都大大超越前代。但是，对于新出现的问题，尤其是外部世界的发展和西方国家的迅速崛起及其对中国可能产生的影响，清朝统治者未能给予及时而足够的关注和重视；世界在飞速前进，而中国则停滞不前。因此，一进入近代，面对着坚船利炮破门而入的西方列强以及"脱亚入欧"的近邻日本，清朝统治者束手无策，被动挨打，割地赔款，致使民族危亡，瓜分在即，国将不国。甲午一役，创巨痛深，"唤起吾国四千年之大梦"②。从此开始到同盟会成立，士大夫阶层和新式知识分子对清朝统治者和满汉关系的认识经历三大转变。

---

① 朝袁栋：《书隐丛说》卷二，引自杨联陞《国史探微》，新星出版社 2005 年版，第 35 页。
② 梁启超：《戊戌政变记》，《饮冰室合集》专集之一，第 113 页。

第一个转变发生在甲午战败至戊戌变法时期。对外反侵略战争的失败促使人们反思战败的原因，开始注意到满汉关系问题。康有为等在百日维新期间敦促清政府着手解决长期以来存在的满汉分治问题，先后上《请裁绿营放旗雜改通营为巡警仿德日而练兵折》、《请君民合治满汉不分折》、《请断发易服改元折》等，希望清政府顺应时代要求，改革过时的兵制及风俗习惯，改变现实政治社会生活中满汉不平等的局面。

第二个转变发生在戊戌变法失败以后。在此时期，部分原来希望清廷来主持解决满汉关系中不平等待遇问题的人士，心理开始发生较大变化，逐步转向从清廷之外来寻找解决问题的办法和途径。比较典型的是章太炎。1899年5月20日，章太炎以"台湾旅客"的名义在《清议报》第15册发表《客帝》一文。从这篇文章中可以看出，章太炎内心充满了矛盾：在他看来，一方面，满汉之间有着历史和现实的"仇"结，即"扬州之屠，嘉定之屠，江阴之屠，金华之屠"；另一方面，若"逐加于满，而地割于白人，以是为神州大誃。"章太炎此时不公开倡导"逐满"，不过是因为他认为，"莘牛之斗，玄熊响怒以格其间，则二牛皆脔也"，而且"今日则又有圣明之客帝，椎匈唒臂，以悔二百五十年之过矣"，正有志于改革，故不应逐之。不过，不"逐满"是有条件的，这就是"引咎降名，以方伯自处"，承认孔子的供主地位，一切上之于孔氏，一切受之于孔氏，改革政治，满汉均受治于郡县。

第三个转变发生在义和团以后，至《民报》与《新民丛报》论战而达到高潮，而参与论战的则主要是在日本东京等地的中国留学生和政治流亡者。在此期间，"排满革命"与"反排满革命"思潮展开激烈论战。

1901年5月，秦力山等在日本东京创刊《国民报》，仅出4期后就于同年8月停刊。该刊以破中国之积弊、振国民之精神为己任，致力于启发国民的主人意识。在"反满"问题上，《国民报》表现得非常大胆，立场非常鲜明。该刊第四期发表章太炎所写《正仇满论》，针对梁启超在《中国积弱溯源论》中指责革命党人"仇满"的论调，指出，"今之人人切齿于满洲，而思顺天以革命者，非仇视之谓也。"今之所谓"仇满"实际上是"逐满"，即恢复汉人的故土而已。"今日逐满，亦犹田园居宅为他人所割据，而据旧时之契约界碑，以收复吾所故有而已。而彼东三省者，犹得为满洲自治之地，故曰'逐满'而不曰'歼杀满人'。"①

---

① 《辛亥革命前十年间时论选集》第一卷上册，第94、97页。

　　1903 年（农历癸卯年）是"排满"革命思潮大兴起的一年。是年 1 月 30 日（正月初二），大约五六百名中国留学生陆续来到位于神田区骏河台铃木町十八番的中国留学生会馆，参加一年一度的新年恳亲会，中国驻日公使蔡钧、新任留日学生监督汪大燮等亦应邀前来参加。马君武是留日学生会馆安排的第一个发言人。但令到会者意想不到的是，马君武把新年恳亲会上的发言变成了"排满宣言"。他声泪俱下，"历数满人今昔之残暴，窃位之可恶，误国之可恨"。马君武的演说当场即遭到一些人的反对，留日学生监督汪大燮在演讲时婉劝留日学生们"思不出其位"。会后，以宗室亲贵为主的满族留学生"两日不食，作书三百余通，飞告各省满洲大员之自爱其种"。其中以良弼为首的一些人，还倡立一会，其宗旨是：第一，禀求政府禁汉人学兵；第二，削夺汉官之权；第三，杀灭汉族。① 这表明东京留日学生中除了有革命和保皇的分野之外，还有满汉之间的矛盾。但总体说来，马君武"反满"演说的影响已经造成，汉族留日学生的反满情绪日趋激烈，这种情绪，都通过他们的刊物和文章宣泄出来。

　　1903 年前后，留日学生大量增加，由于留学生多由各省分派，各省学生便纷纷组织同乡会，以笃厚乡谊，相互帮助。也就在这段时间各省同乡会纷纷出版刊物，宣传新思想，其中著名的有《游学译编》、《湖北学生界》、《直说》、《浙江潮》、《江苏》等。这些刊物大都把宣传民族主义、鼓吹反满思想作为其主要目标之一。

　　在宣传反清革命方面，《江苏》表现得较为突出，该刊利用大量篇幅极力宣传推翻清王朝，热情歌颂革命，其中代表性文章有《革命其可免乎》、《露西亚虚无党》、《政体进化论》、《新政府之建设》、《中国立宪问题》、《革命制造厂》等。《革命其可免乎》一文以尖锐的笔触，剖析了清政府的内外政策，得出了革命不可免的结论。《露西亚虚无党》一文，通过叙述俄罗斯"虚无党"的历史，歌颂这个党以"破坏主义"即革命手段反抗沙皇俄国的专制统治，借以说明中国必须以革命手段来推翻清王朝。《政体进化论》、《新政府之建设》、《中国立宪问题》等文则论述了共和政体的优越性，主张在中国推翻清王朝的专制统治建立民主政体的共和国。该刊第六期还刊登了孙中山所写的《支那保全分割合论》一文。文章针对东西政治家所倡的"保全"、"分割"二说，以清王朝腐朽反动的事实和中国人民必然誓死反抗外国侵略的史

――――――――――

　　① 《满洲留学生风潮》，《选报》第 51 期。

实，做出了"就国势而论，无可保全之理也；就民情而论，无可分割之理也"的结论。文章最后指出，中国既不能保全，又不能分割，"惟有听之支那国民，因其势顺其情而立之，再造一新支那而已。"① 其革命主张是不言自明的。

而在国内，《苏报》案则是"反满"革命思潮大起的标志性事件。1903年夏，清政府因《苏报》鼓吹革命，而将《苏报》馆查封，囚禁主笔章太炎和邹容，事件震动全国，但革命党的声气因此大盛，革命思想的传播也日形高涨。《苏报》停刊以后32天，章士钊与陈独秀又在上海出版发行《国民日日报》，继承《苏报》宣传革命的主旨，发行未久，即风行一时。该报副刊《黑暗世界》，攻击官僚不遗余力，所载《南渡录演义》，尤是唤起人们的种族观念。清廷鉴于《苏报》交涉之困难，乃通令长江一带，严禁售阅，谓"上海逆党著书刊报，煽惑人心，大逆不法。业将苏报馆办事人等按名拿办，并将报馆封闭在案。乃又有人创办《国民日日报》，依然妄肆蜚语，冒言无忌，实属执迷不悟，可恨已极。仰各属府州厅县，将《国民日日报》荒谬悖逆情形，示知地方商民，不准买看，如有售寄《国民报》者，提究。"② 然而，禁者自禁，看者自看。发行数月之后，报社中经理、编辑两部，因权限问题大起争执，卒致对簿公堂。原先出钱赞助该报的人，大失所望，不再支持，《国民日日报》遂因经费无着而停刊。《国民日日报》停刊后，又有《俄事警闻》（后改为《警钟日报》）的出版，由蔡元培主持，与《苏报》、《国民日日报》同一宗旨。但因清廷的干预不久停刊。此后，《警钟日报》的另一创办人林獬又出而创办《中国白话报》，继续宣传革命。《中国白话报》由1903年12月在上海创刊，1904年10月终刊，该报的突出特点，就是用通俗易懂的白话文，向下层群众宣传革命救国的道理。

革命党人向新军灌输"反满"的思想可谓相当成功。新军又称新建陆军，是相对清朝原有的绿营、防营、湘军、淮军等而言，它开始筹建于1894年。次年3月，胡燏棻募集5000人，编成十营，初驻马厂，后屯小站，以西法训练，号"定武军"。甲午战争后，袁世凯接办，改称"新建陆军"。在此前后，张之洞也在两江总督和湖广总督任内开始试办"自强军"，聘请德国军事顾问按德国军队章程进行训练。1903年，清政府倡办"新政"，中央设练兵处，以奕劻为总理，袁世凯为会办，负责在全国训练新军，计划设立36镇，

---

① 《辛亥革命前十年间时论选集》第一卷下册，第598、602页。
② 戈公振：《中国报学史》，中国新闻出版社1985年版，第128页。

《苏报》

镇下辖协、标、营等，每镇包括步、马、工、炮、辎重等兵种，额定官兵
12512 人。新军中的中下级军官多为国内各武备学堂毕业生充任，也有一些从
国外学习军事归国的留学生。士兵实行募兵制，在体格、文化程度等方面均
有严格要求。到辛亥革命前夕，成镇者已有 26 个。在此期间，清政府因各地
巡防队等旧式军队"章制不一"，下令"仿新军成法"进行改革。

　　清政府建立新军，原是为了维护自己的统治，但是，历史的发展常常并
不是按照统治阶级设计的轨道前进，它有自己前进的方向。革命党人看准时
机，利用清政府建立新军、改革军制之机，在新军中开展"反满"宣传，从
思想舆论上为武装起义做准备。宣传的主要方式和内容是秘密传阅《革命
军》、《黄帝魂》、《猛回头》、《警世钟》等革命书刊，后来《民报》创刊后又
秘密传阅《民报》。另外，革命党人还结合各地区不同特点，有针对性地编撰
宣传品。如在福建武备学堂中流传的《何日醒》歌曲以及赵声在江南陆师学
堂秘密编写《七字唱本》，称为《保国歌》，歌词共 134 句，近一千字，用以
"激动士卒"，党人曾"印布数十万份"，"走数千里散之"。①

　　当反满的思想在新军中传播开来，运动新军、发动起义就成为同盟会的

---

　　① 乔志强：《清末"新军"与辛亥革命：辛亥革命前十年史札记之四》，《山西大学学报》（哲学
社会科学版），1980 年第 3 期。

工作重点。但同盟会总部主要领导及各地分部在具体执行过程中，并不一致，而是各有侧重。同盟会总部主要领导人黄兴等侧重于从外部运动新军，具体方法从黄兴向孙中山等所做的汇报中可见一斑。1910年5月13日，黄兴答复孙中山询问有关武装起义筹备组织等情况时说：在广东省城发动起义，"必能由军队下手"，原因在于，经过活动，广东水师提督李准的亲兵队千余人中，已有革命"同志甚多"，而巡防队兵卒共有3000余人，其中表同情于革命者也甚众。只要这两支队能运动起来，则当地无人能够反对。而运动的方法则是：俟大款得手，先刺杀李准，使其部下将校自乱，然后"广用金钱"来收抚这些军队，"不一月可悉收其众"。总之，"广东之事，视款为难易。以普通一般之军队多贪鄙嗜利，况有'义'字以激发之，富贵功名，唾手可得，何乐而不为此！"[①] 为此，黄兴在其起义指挥部下专门设立"调度处"，负责"运动新旧军界"，举原毕业于广州陆军速成学堂的同盟会员姚雨平为长。因新军"有枪无弹，所有仅备操时每人数响之用"，因此，必须由革命党人先选出"死士"数百人发难于城内，破坏清政府设在省城内的重要机关，"占领其军械，开城门以延新军"，然后占领全省城。[②] 著名的广州黄花岗起义等就是按照这种模式组织发动的。

以江浙安徽等省为主要活动地区的光复会系的革命党人章太炎、陶成章等，主要注重于"严密组织志士英才，回内地谋职或捐官，渗入国内清政府机关握权，乘机从内部起事"。徐锡麟回国捐纳道员，取得安徽巡抚恩铭信任，开办巡警学堂，又与秋瑾等兴办大通师范学校，收揽革命志士，准备组织起义，后消息泄漏，起义面临流产，1907年7月6日，徐锡麟铤而走险，一举刺杀恩铭，然后率巡警学堂学生攻打军械所，与清军激战数小时，最后失败被俘，当晚就义。此后，清政府搜捕革命党人，秋瑾等被执，英勇就义。毕业于江南炮兵学堂的熊成基，入陆军第九镇担任炮兵排长，1907年从南京调驻安庆。他利用在安庆担任新军马营、炮营队官等职务之便，在驻军中秘密发展力量，于1908年11月发动安庆起义，与清军激战一昼夜，失败后流亡日本。这些活动虽以失败告终，但对清统治阶级上层造成巨大冲击，扩大了革命的影响。

新军采用的募兵制和对入伍者的文化要求，为一批具有革命思想和现代文

---

① 黄兴：《复孙中山书》，《黄兴集》第一册，湖南人民出版社2010年版，第32—33页。
② 黄兴：《与胡汉民致孙中山等报告"三二九"之役始末书》，《黄兴集》第一册，第73页。

秋瑾像

化知识的青年知识分子进入军队创造了有利条件。革命党看准了这一有利时机，组织革命知识分子投身新军，渐使这支装备精良、训练有素的新式军队为革命事业服务。在这方面，湖北革命党人的工作尤其出色。他们制定了以运动军队为主、不轻率发难的方针以及亲身加入行伍、专从士兵着手的策略。在此期间，湖北革命组织虽然屡遭挫折，几易名称，领导人也不断更迭，但是运动新军这条方针始终不变。为了实现这一既定目标，从科学补习所的发起人张难先、胡瑛等投入工程营当兵起，到武昌起义爆发前夕，湖北革命党人一直保持这个传统，不断有革命知识分子脱掉长衫，放下架子，隐姓改名，加入行伍，在新军中展开活动。任重远、蒋翔武、刘复基、詹大悲等著名的革命党人，就是抱着

"投笔从戎,自身实地做,天下事或有可为"、"不入虎穴,焉得虎子"的决心参加新军的。这些革命党人像《西游记》中钻进铁扇公主腹中的孙悟空一样,在新军中潜伏下来,在内部做发动新军起义的工作,影响和带动一批具有爱国思想的新军中下级军官和士兵走上革命的道路。

正是由于革命党人所采取的上述种种措施,革命思想在新军中迅速传播,新军中受过新式教育、具有爱国思想的下层官兵逐渐开始同情革命,他们中的部分人并进而由同情转向支持革命,最终成为发动辛亥革命的先锋和主力。没有他们的同情支持和浴血奋战,辛亥革命要想取得成功,实在是难以想象的。

五、立宪派的转向

1904 年,日、俄两国为了争夺中国东北和朝鲜的控制权而在中国东北的土地上爆发了战争,结果欧洲强国俄罗斯意想不到地败给了亚洲小国日本,这使许多人得出了这样的结论:俄国败于日本,是专制败于立宪,亦即立宪战胜专制,中国要想富强,必须实行立宪。

1905 年 7 月 16 日,慈禧太后用光绪的名义发布上谕,令载泽、戴鸿慈、徐世昌、端方等,"分赴东西洋各国,考求一切政治,以期择善而从。"9 月 24 日,出洋大臣一行从正阳门火车站出发时,遇革命党人吴樾投掷炸弹,出行日期被迫推后。一个月之后,重组考察团,分两路出洋,一路由载泽、尚其亨、李盛铎率领,一路由戴鸿慈和端方率领。戴鸿慈、端方一路于 1905 年 12 月 19 日从上海放洋,赴日本、美国、德国、丹麦、瑞典、挪威、奥地利、俄国、荷兰、瑞士、比利时、意大利等国考察。稍后,载泽、尚其亨、李盛铎一行也于 1906 年 1 月 14 日从上海出发,前往日本、美国、英国、法国、比利时等国考察。8 个月后,五大臣结束考察,先后回国。

五大臣回京后,慈禧太后多次召见,面询有关情况。戴鸿慈与端方上《请定国是以安大计折》,要求将以法治国、设立议政机关、皇室与政府分开、确定中央与地方权限、制定国家预算等确定为"国是"。载泽则上呈《奏请宣布立宪密折》,称立宪有三大好处,即:皇位永固,外患渐轻,内乱可弭。慈禧太后经过再三权衡,终于下决心"仿行宪政"。1906 年 9 月 1 日,发布上谕,称清朝自开国以来,历代皇帝"无不因时损益,著为宪典"。现在"各国交通,政治法度,皆有彼此相因之势",而我国的政令却是积久相仍,日处阽危,忧患迫切,如果不向世界广求知识,更订法制,那么将上无以承祖宗缔

1906 年 11 月创办的上海《预备立宪官话报》

造之心，下无以慰臣民治平之望。现在派往各国考察政治的大臣载泽等回国陈奏，都说中国国势不振，"实由于上下相暌，内外隔阂，官不知所以保民，民不知所以恤国"，而各国之所以富强，"实由于实行宪法，取决公论，君民一体，呼吸相通，博采众长，明定权限，以及筹备财用，经画政务，无不公之于黎庶。"到了今天这样的时代，中国"惟有及时详晰甄核，仿行宪政，大权统于朝廷，庶政公诸舆论，以立国家万年有道之基。"不过，由于目前"规制未备，民智未开"，因此，不能操切从事，涂饰空文，必须首先"廓清积弊，明定责成"，从官制入手，先将官制分别议定，次第更张，并将各项法律，详慎厘定，同时广兴教育，清理财政，整顿武备，并设巡警，使绅民明悉国政，"以豫备立宪基础"，等数年以后规模粗具，察看情形，再妥议立宪实行期限并宣布天下。

之后，清廷预备立宪的意向越来越清楚，措施越来越具体、紧凑，各界主张立宪的人士兴奋不已，纷纷开始组织团体，做参政的准备。国内方面，郑孝胥、张謇、汤寿潜等于 1906 年 12 月在上海成立预备立宪公会，以郑为会长，以张、汤为副会长，会员大多是来自江、浙、闽、粤等东南沿海一带的休致或现任政府官吏及工商界人士和地方著名士绅等。杨度等于 1907 年夏在日本组织湖南宪政公会，不久，杨回国，在日本的会务交由熊范舆等主持，另在北京成立宪政公会，具体会务由沈钧儒等主持，杨则专力联络官绅，扩大声势。海外方面，康有为于 1906 年底将保皇会改名为帝国宪政公会，梁启超则于 1907 年 10 月在日本东京创刊《政论》杂志，接着又以此为基础，成立政闻社，由康有为、梁启超暗中指导，具体社务则由马良、徐佛苏、麦孟华等担任。不久，政闻社迁往上海，开始参与国内的立宪运动。

清廷在预备立宪过程中迈出的重要一步就是在中央设立资政院和在各省设立谘议局。1908 年 7 月，清廷颁布资政院章程，规定资政院议员名额以200 人为限，其中，100 人由皇帝从王公世爵、藩部王公、部院官员、硕学通儒及富有资产者中钦定，其余 100 人由各省督抚从各省谘议局中选送。7 月22 日又发布上谕，宣布设立各省谘议局，称"谘议局为采取舆论之所，并为资政院预储议员之阶，议院基础，即肇于此"，要求各督抚接到上谕后"限一年内一律办齐"。对于谘议局的职权范围，上谕的规定是："于本省地方应兴应革之利弊，切实指陈，于国民应尽之义务，应循之秩序，竭诚践守，勿挟私心以妨公益，勿逞意气以紊成规，勿见事太易而议论稍涉嚣张，勿权限不明而定法致滋侵越。总期民情不虞壅蔽，国宪咸知遵循。"而对于各省督抚的要求则是："各该督抚等，亦当本集思广益之怀，行好恶同民之政，虚心审察，惟善是从，庶几上下一心，渐臻上理。"[1] 这些规定实际上是在立宪的名义下，让地方谘议局与地方督抚互相牵制，中央可以居中驾驭，维持平衡，

---

① 故宫博物院明清档案部编：《谘议局及议员选举章程均照所议办理著各该督抚限一年内办齐谕》，《清末筹备立宪档案史料》下册，中华书局 1979 年版，第 683—684 页。

章程中有关谘议局与地方督抚有争议不决事件则呈资政院裁决等项规定，都反映了这样一种意图。

同年8月底，清廷公布九年预备立宪大纲，决定到1917年颁布宪法，实行立宪。九年之内年度准备工作分别如下：第一年：筹办谘议局，颁布地方自治章程，清理财政，调查户口。第二年：实施地方自治选举法，颁布资政院章程，调查各省岁出入总数，颁布法院编制法。第三年：召集资政院议员举行开院，颁布新刑律，试办政府预算，颁文官任用章程及薪俸章程。第四年：筹办各级审判厅。第五年：颁布国家税章程，颁布新定内外官制。第六年：设立行政审判院，试办全国预算。第七年：颁布会计法。第八年：确定皇室经费，成立审判厅，设立审计院。第九年：宣布宪法，宣布皇室大典，颁布议院议员选举法。

但是，计划总没有变化快。

1908年11月14日，光绪皇帝去世，次日慈禧太后去世。根据慈禧太后的"懿旨"，光绪皇帝临终留下遗诏，由摄政王载沣之子溥仪入承大统，为嗣皇帝，并要求文武臣工，"精白乃心，破除积习，恪遵前次谕旨，各按逐年筹备事宜，切实办理，庶几九年以后，颁布立宪。"

光绪皇帝和慈禧太后的突然相继逝世，使清政府顿失中心，不知所措，京内外一片紧张气氛，谣言满天飞，欧美国家的一些主要报纸甚至报道说，皇后和袁世凯已经自杀身亡，

摄政王载沣像

许多银行发生挤兑现象，14家本国银行倒闭，日本横滨正金银行在天津发行的纸币遭到严重挤兑，[①] 等等。但是，谣传很快过去，局势并未出现大的变动。尤其是光绪遗诏中提到的继任大统者及文武官员继续致力于"立宪"的

---

① 《纽约时报》1908年11月17日。

承诺，让人心稍稍稳定下来。

但是，被外国人称为中国实际上的新皇帝的摄政王载沣，上任后第一件大事就是要杀袁世凯为含冤去世的光绪皇帝报仇，但张之洞等告诫载沣："主少国疑，不可轻于诛戮大臣。"皇族中一些与他关系密切的成员也反对杀袁，担心杀袁之后，北洋各军叛乱，无人能够镇压。载沣无奈，遂决定将袁革职。1909 年 1 月 2 日，宣统皇帝突然谕内阁："军机大臣、外务部尚书袁世凯夙承先朝屡加擢用，朕御极后复予懋赏，正以其才可用，俾效驰驱，不意袁世凯现患足疾，步履维艰，难胜职任。袁世凯著即开缺回籍养疴，以示体恤之至意。"① 袁世凯接到上谕后，不敢理论，立即仓皇出京返乡。

袁世凯突然被解职，其在外务部的职位由梁敦彦接替，那桐接替其所遗军机大臣一职。同年 10 月，张之洞去世，11 月，孙家鼐去世，期间，6 月底，直隶总督杨家骧去世。在此之前，李鸿章、荣禄等人已在处理义和团问题以后相继去世。而与袁世凯关系密切的新任直隶总督端方，本年初由南京调到直隶，因在东陵拍摄慈禧葬仪，于 11 月 20 日被解职，直督一职由陈夔龙接任，陈在武昌所空出的湖广总督一职则由瑞澂接替。端方本年初从南京北调时所空出的两江总督一职，则由山东巡抚张人骏接替，张在山东的巡抚职位则由曾经担任过驻德公使的孙宝琦接任。在此期间，邮传部尚书陈璧被革职，东三省总督徐世昌进京接替其职位，所遗东三省总督一职由云贵总督锡良接任。而从欧美考察财政归来的唐绍仪，回国以后则被晾在一边，无人搭理。

短期之内，为数不多的几位能够控制国家全局的关键人物接二连三地或去世，或被革职，而对全局有重大影响的直隶、两江、湖广、山东、东三省等要害地区的总督巡抚的频繁调动，使得这些地区的权力结构发生重大变化，这些很快就对政局产生了严重影响。

但是，摄政王载沣却感到十分得意。他认为，除掉了有可能对自己的权力构成威胁的汉族实力派官僚之后，只要控制了军队，就不怕坐不稳江山。他下令成立禁卫军，由其弟载涛及铁良等负责训练，接着又宣布按照立宪国家中国家元首担任军事统帅的惯例，由自己代皇帝担任全国海陆军大元帅。又筹设海军部，命其弟载洵为大臣；设军咨府，派毓琅等为大臣，把军权完全集中在皇室手中。

---

① 《清实录》第 60 册，中华书局影印本，第 72 页。

载沣觉得这还不够。1911 年 5 月 8 日，他颁发上谕，成立内阁，任命奕劻为内阁总理大臣，那桐、徐世昌为协理大臣，梁敦彦为外务大臣，善耆为民政大臣，载泽为度支大臣，唐景崇为学务大臣，荫昌为陆军大臣，载洵为海军大臣，绍昌为司法大臣，溥伦为农工商大臣，盛宣怀为邮传大臣、寿耆为理藩大臣，以上内阁大臣共计 13 人，其中汉族 4 人，满族 9 人；满族 9 人中，皇族又占 7 人。这一"皇族内阁"的成立，使清政府大失信用，使得原寄望于通过立宪改良政治挽救危亡的人们认识到，清政府所谓的"立宪"，不过是在借"立宪"之名，行集权之实，靠他们来挽救国家危亡，已经完全不可能，要救亡，必须另辟新径。就这样，原本主张改良的立宪派转而同情革命。

1908 年，载沣与溥仪（右）、浦杰（怀抱的婴儿）合影

第四章 武昌起义

Disizhang

Wuchang qiyi

用武力推翻清王朝的统治，这是革命党人的既定方针，问题在于采用何种革命方略进行。在同盟会成立后的几年间，革命党人在中国南部边陲策划了一系列武装起义，但都没有成功，于是一部分革命党人开始将战略重心转向了长江一带，全力经营两湖地区的起义。到1911年，全国出现了极其有利的革命时机，保路运动的兴起成了武昌起义的导火线。武昌起义事发偶然，却又事出必然，它是晚清最后几年间社会矛盾的总爆发。这次起义没有重蹈以往历次起义的覆辙，它成功了，其胜利到来如此之快，以至于革命党人来不及组织足够的力量，更没有足够的思想准备，去应付首义成功后所遇到的种种复杂局面，于是革命后本该由革命党人掌握的政权，却落到了旧官僚和立宪派的手中，一场更为严峻的考验摆到了革命党人的面前。

一、战略重心北移

同盟会成立后，孙中山、黄兴的主要精力都集中在筹备武装起义上。他们关注的地方是两广。两广地区有较好的革命基础，加上广东属中国的边远地区，远离首都，即使失败，也可以退守南洋，因此孙中山极力主张以广东为首义之区。1905年9月，孙中山在一次与程潜的谈话中说："革命必须依敌我形势的变化来决定，如形势于我有利，于敌不利，则随处可以起义。至于选择革命基地，则北京、武汉、南京、广州四地，或为政治中心，或为经济中心，或为交通枢纽，各有特点，而皆为战略所必争。北京为中国首都，如能攻占，那么，登高一呼，万方响应，是为上策。武汉缩毂南北，控制长江上下游，如能攻占，也可以据以号召全国，不难次第扫荡逆氛。南京虎踞东南，形势所在，但必须上下游同时起义，才有成功希望。至于广州，则远在岭外，僻处边徼，只因其地得风气之先，人心倾向革命，攻占较易；并且港澳密迩，于我更为有利，以上四处，各有千秋，只看哪里条件成熟，即可在那里下手。不过从现时情况看来，仍以攻取广州，较易为力。"① 孙中山的这一意见，同盟会内部绝大多数人都是赞成的。因此同盟会在筹备武装起义时，始终围绕两广地区来进行。综计在1907—1908年间，同盟会在南部边境接连举行了多次起义：潮州黄冈起义、惠州七女湖起义、钦州防城起义、镇南关起义、钦廉上思起义和云南河口起义，这些起义均告失败。

同盟会在中国南部边境发动的起义屡起屡仆之后，人们对以南部沿海为中心的革命方略也产生了怀疑，同盟会内部开始出现分化，一部分同盟会会员脱离东京同盟会总部，先后组织共进会和同盟会中部总会。他们的共同特点是其成员大都为长江流域各省的同盟会会员，他们把活动重点放在长江流域，全力经营两湖地区尤其是湖北的起义。他们的出现，标志着革命党人将战略重心转向了长江一带。

共进会1907年8月正式成立于东京，发起人有张百祥、邓文翚、焦达峰、刘公、孙武等。这些人都是同盟会会员，而且与长江流域一带的会党有密切联系。有的人本身就是会党首领。他们之所以要在同盟会之外另立一组织，真实的原因是由于同盟会内部在革命方略上出现重大分歧。孙中山长期以来选择两广边区作为主要的军事活动地点，但一些来自中部省份的同盟会会员则主张从长江流域入手。随着孙中山在南部起义的不断失败，对孙中山的不满情绪逐渐升温，于是便有共进会的发起。而它之所以最终能够成立，又是与同盟会内部组织涣散有关。那时孙中山、黄兴都不常在日本。刘揆一众意不属，宋教仁则穷困潦倒，"常郁郁，醉即卧地狂歌，又数向民报社佣婢乞贷"。同盟会群龙无首，一盘散沙。孙、黄专注于两广地区的起义，对东京本部的事情较少过问，也招致一些非议，如章太炎曾质问黄兴，"吾在此以言论鼓舞，而君与逸仙自交趾袭击，虽有所获，其实不能使清人大创，徒欲使人知革命党可畏耳。……若数以小故动众，劳师费财，焉能有功?"② 共进会在这种情形下成立，显然是一种不正常的情形，它含有地域之间的偏见，也含有个人之间的好恶。共进会成立之前也曾征求过黄兴的意见。事后黄兴质问焦达峰何故立异，焦达峰回答说："同盟会举趾舒缓，故以是赴急，非敢异也。"黄兴又问，"如是，革命有二统，二统将谁为正?"焦达峰说，"兵未起，何急也! 异日公功盛，我则附公; 我功盛，公亦当附我。"③

---

① 《辛亥革命回忆录》（一），中华书局1961年版，第70—71页。
② 《章太炎自定年谱》，汤志钧编：《章太炎年谱长编》上册，中华书局1979年版，第259页。
③ 章太炎：《焦达峰传》，中国史学会编《辛亥革命》（六），上海人民出版社1957年版，第164页。

正在操练的清朝新军

共进会的组织,是双重的。它一方面仿近代政党的组织形式,本部设会长一人,推张百祥为会长,本部会长兼任中华民国大总统,下辖内政等八部,由居正等分任部长。同时在各省设分会,各省分会长兼各省军政府大都督,大都督下有副都督、参都督等,所用旗帜为红黑两色的九角十八星旗,十八星代表十八行省铁血共义,全称"铁血十八星旗"。武昌首义后飘扬在武昌城头的,即是按共进会方案制作的旗帜。另一方面它又采纳传统的会党组织形式,有开堂、烧香、结盟、入伙等一系列仪式,订立山、水、堂、香以为暗号。山叫中华山,水叫兴汉水,堂叫光复堂,香叫报国香。其词如次:"中华山诗:神明华胄创中华,凿井耕田到处家;锦绣山河万世业,子孙相守莫相差。兴汉水诗:一水源流万里长,汉家兴复直中央;自从派衍分南北,气势奔腾不可当。光复堂诗:堂上家家气象新,敬宗养老勉为人;维新守旧原无二,要把恩仇认得真。报国香诗:香火绵绵未敢休,祖宗一脉自千秋;腥膻久圄庄严土,待买名香袚九州。"① 凡共进会会员,要往各地活动,必须要熟记本会山水堂香及其所系打油诗,方可得到一切的帮助和照顾。

---

① 邓文翚:《共进会的源起及若干制度》,《近代史资料》1956 年第 3 期,第 17 页。

　　共进会的宗旨，也与同盟会不完全相同。他们说"平均地权"不好懂，革命是因为满汉不平等，所以要"平均人权"。这表明了共进会组织者对土地问题、民生问题的漠视，他们所关心的主要是"排满革命"。

　　共进会成立伊始，全力注意经营两湖地区，并决定在原会党人员的基础上广泛联合军警各界，进而完成反清革命。1908年10月，共进会决定派孙武、焦达峰回国活动。1909年1月，焦达峰抵达汉口，与孙武商定两湖入手之法，决定从军中士兵入手，次及学界，再及其他同情人士。是年4月，设总机关于汉口法租界。同时在武昌设立分机关。湖北共进会的会务日渐扩展，声势日大。之后焦达峰回长沙，组织湖南共进会。长江流域的会党经焦达峰等人的联络大有起色，最后商定了"武昌发难，湖南响应"的策略，这一切为武昌起义的发动与成功创造了条件。

　　同盟会中部总会在1910年7月31日成立于上海。在成立大会上，宋教仁提出革命三策供大家讨论，上策是由中央入手，在北京起事，占领北京，然后号令全国；中策是在长江流域各省同时大举，设立政府，然后北伐；下策是从边地入手，然后徐图进取。大家认为上策运动较难，下策已经失败，因此应采用中策，全力注重策动长江流域各省的革命。关于具体的进行办法，宋教仁主张从长江着手推进到河北，以三年为期，待羽毛丰满后，一举而成。赵声认为这种做法迟缓，主张急进，最后谭人凤提出"事权统一，责任分担，以不限时期为原则"。会后，谭人凤去香港找黄兴商量，黄兴表示"别无意见"，只说"须有款项方可"。

　　同盟会中部总会成立后，积极筹划在武汉地区起义，一方面在长江流域各省筹设分会，联络革命志士，共造革命时机，另一方面加紧各方面的准备工作。他们推居正、杨玉如赴上海购买手枪，并邀黄兴、宋教仁、谭人凤赴鄂主持一切。那时黄兴还在香港，居正即托吕志伊、刘芷芬往香港，请黄兴速来。黄兴在与吕、刘晤谈后，复函同盟会中部总会，对其方略给予了高度评价，赞扬他们在遇到挫折的情形下力图进取的精神，还赞扬他们的战略部署和起义计划。正如他在武昌起义前五天致书冯自由所说："以武昌为中枢，湘、粤为后劲，宁、皖、陕、蜀亦同时响应以牵制之，大事不难一举而定也。"①

　　共进会、同盟会中部总会之所以把工作重心放在湖北而不放在别处，是

---

　　① 《黄兴集》，中华书局1981年版，第67页。

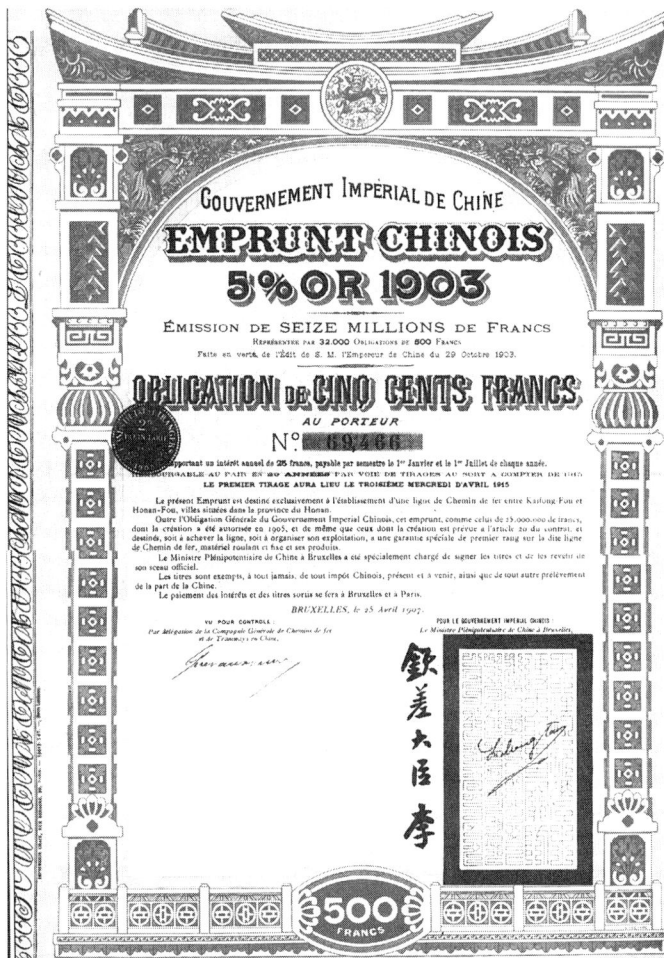

清朝国家外债券

因为湖北有很浓的革命风气。湖北有浓厚的革命风气，应该归功于新式教育。自 1889 年以来，湖北在张之洞的经营下，教育、实业及新军都有很大的发展。据统计，到 1908 年武汉所开办的学堂有 128 所，其中官立 110 所，公立 11 所，私立 4 所，西人所立 3 所，是年湖北官费留学生达 578 人，其中留学日本为 475 人，留学欧美为 103 人，在全国范围内实居"他省之多数"。实业方面，1908 年武汉有工厂 81 家，商号一千多家，与全国相较，仍属"先进"地区。湖北又是最早编练新军的地区之一。当全国官吏莫敢谈新政之时，张之洞独能在湖北倡办兵工及实业，建学校、设工厂、练新军，使湖北在 20 世纪初年成为全国风气开通的重要地区之一。加之湖北位居全国之中，扼长江上游，为东西南北交通之枢纽，地理位置十分重要，因而素为兵家所重视。这自然也使湖北成为革命活动非常活跃的地区，武昌成为首义之区，并非偶然。

湖北的革命力量除共进会、同盟会中部总会之外，还有一个重要的革命团体，就是文学社。文学社成立于1911年1月30日，其宗旨为"推翻清朝专制，反对康、梁的保皇政策，拥护孙文的革命主张"，以蒋翊武为社长，詹大悲为文书部长，刘复基为评议部长。文学社成立后，决定以扩大组织、发展社员为首务。为发展社员，他们采用桃园结义、换兰谱、拉拢帮会等方式同士兵建立亲密关系。然后，逐渐灌输革命思想，个别吸收入会。入会时，需要填志愿书，有两个同志介绍，个别进行，严格保密，并嘱咐对家庭、父母、妻子不得泄露一言；入会后，组织比较严密，建立了标、营、队代表制，分级接受上级代表的命令，工作进行非常秘密，从而社务大进。到1911年夏季，文学社社员在新军中达两千余人。

文学社在武昌小朝街85号设立总机关，由刘复基、王守愚、蔡大辅驻社办公。其时共进会在湖北军学各界也有很大势力，刘复基建议与共进会联合，得到大家的赞同，从此进入文学社与共进会合作时代。1911年9月，文学社与共进会召开联席会议，共进会的孙武提议两团体切实合作，即刻发动起义，文学社的刘复基建议取消各自的团体名称，以武昌革命党人的身份向满清宣战。此议得到一致赞同，共进会负责人刘公当即表示愿取消其湖北大都督的头衔，文学社的蒋翊武、王宪章也分别表示愿取消其文学社正、副社长的名义。但发动起义必须有一个统一的领导机构，于是会议决定派居正、杨玉如赴上海请黄兴、宋教仁、谭人凤来鄂主持大计。至此两大团体的联合正式实现。双方的联合，使湖北的革命力量聚集到了一起，到武昌起义前夜，文学社和共进会的会员达到五千多人，占当时湖北新军总数的三分之一以上，加上革命的同情者，在新军中已取得优势地位。这样就为武昌首义的成功奠定了基础。

二、全国性革命形势的形成

1911年的中国，已是一片"山雨欲来风满楼"的景象。民众抢米风潮和抗捐斗争风起云涌，遍及各省。是年阴历三月二十九日，同盟会在广州又发动了一次起义。这次起义可以说是同盟会成立以来所组织的规模最大的一次起义，革命党所受的损失也较以往为重。起义战死及被捕牺牲者86人，其中有些是刚从日本回国的才识卓越的留学生，如林觉民、喻培伦、方声洞等，他们为了拯救祖国，为了实现自己的理想信念，不惜牺牲自己，从容赴难。起义虽然失败，但却进一步促进了革命形势的发展。"全国久蛰之人心，乃大兴奋。怨愤所积，如怒涛排壑，不可遏抑。"① 半年后，武昌起义就爆发了。

黄花岗烈士就义前情景

武昌起义的导火索是由清廷"铁路国有"政策引起的保路风潮。

事情还得从粤汉、川汉两路的筹建开始说起。19 世纪末，继西方列强在中国争建铁路之后，清政府也开始筹办粤汉、川汉铁路。1898 年总理衙门提出修建粤汉铁路。到1900 年，由于缺乏资金，清政府就决定由美国华美合兴公司来承造粤汉路，向该公司借款4000 万美元，以铁路作抵押，期限50 年。1902 年1 月粤汉路开工，合兴公司先筑三水支线，但不久因资金缺乏，在未经得清政府同意的情况下，私自将公司底股的三分之二卖给比利时万国东方

---

① 《孙中山全集》第六卷，中华书局2006 年版，第50 页。

公司。湖广总督张之洞洞悉其中隐患，力主废除与合兴公司的合同，收回路权。他在给皇上的奏折中说，"查比与法通，法又与俄合，京汉铁路已由比法两国合办，若粤汉铁路再入其手，则中国南北铁路地权全归比、法等国掌握之中，与俄人所造东三省铁路均连一气，既扼我之吭背，复贯我之心腹，而借款本息太巨，年期过久，限满后断无赎回之望，其为中国大患殆有不忍言者。"① 张之洞力倡收归自办，各省督抚纷纷响应。与此同时，湘鄂粤三省绅民及留日学生也展开了收回粤汉路权的斗争。清廷迫于压力，于1905年8月以675万美元的代价废除了与合兴公司的合同，赎回了筑路权，之后清廷以官督商办的形式，命湘鄂粤三省各筹各款，各修各境。

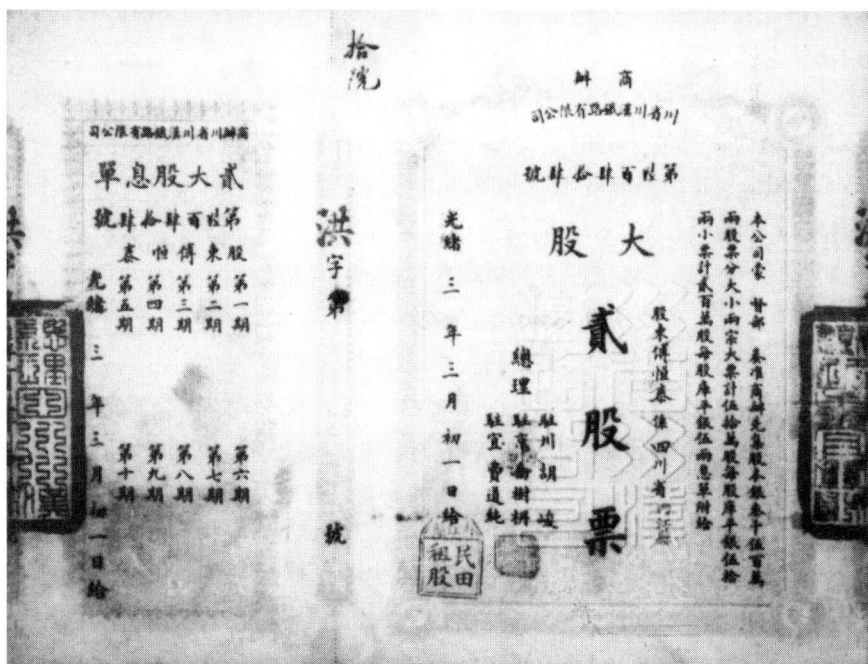

川汉铁路股票

建造川汉铁路之议始于1900年。英美两国都曾建议清政府借款修路。但遭到四川人民强烈反对。1903年1月，川督锡良因"外人久已垂涎，群思揽办"川汉铁路，且民情力主自办，奏请设立公司，招集华股自办。1904年2月川汉铁路公司成立，1905年1月公司颁布集股章程。规定集股办法，分认

---

①　武汉大学历史系编：《辛亥革命在湖北史料选辑》，湖北人民出版社1981年版，第441页。

购之股、抽租之股、官本之股及公利之股四种。1908 年，清政府任命张之洞为督办粤汉、川汉铁路大臣，会商邮传部，督饬在事官绅认真筹款兴办。粤汉、川汉铁路收归自办后，官资不足，又改官督商办，在川、鄂、湘、粤诸省募集民股，并由官府在税收项下附后抽"路股"。这样，上述诸省的绅、商、农、工都成为拥有铁路股票的股东。但工程进展迟缓，资金日益窘迫。

一年后，张之洞借口路股难集，一反此前反对借款修路的态度，与英、法、德三国签订了一个湖广铁路借款协议，协议主要内容是：清政府向英国汇丰银行、德国德华银行、法国东方汇理银行借款 550 万英镑，由英、法、德三国平均分配借款及铁路材料购置。川汉路鄂段及粤汉路湘鄂段各用 250 万英镑，九五扣，年息五厘，期限为 25 年。粤汉路用英总工程师一人，川汉路用法德总工程师各一人。此协议签订后，德国极为高兴。德国首相布洛夫在致德皇的报告中说，"从我们的立场看来，这即将成立的合同，应受到欢迎和满意，因为它打破了英国一向视为他分内的扬子江流域的铁路的独占（德皇批：妙哉），并给德国资本与德国企业在所谓英国势力范围内开辟了活动的新园地。（德皇批：好）"美国对被排除在借款集团之外，极为不满，1909 年7 月 15 日，美国总统塔虎脱专门致电清廷摄政王要求按照"利益均沾"的原则，"立即得出贵、我两国均将满意的结果"。[①] 清廷最终同意了美国的要求，于是组织英法德美四国银行团，将借款总额增加到 600 万英镑，美国享有与其他三国同样的特权。显然，各国争相给中国借款，并不是因为清政府有很高的财政信用，也不是垂涎那五厘的利息，更不是出于帮助中国发展的好心，而是想借此进一步控制中国，获取更多的利益，享有更多的特权。

借款问题发生后，湖南、湖北都发生了拒款运动。1909 年 11 月 18 日，湖北成立商办铁路协会并选举刘心源为会长。11 月底，商办铁路协会发出公告，拟组织铁路公司，筹款自办鄂境粤汉、川汉铁路，凡自认股千元以上者即为公司创办人。那时，"人人咸抱一路存鄂存，路亡鄂亡之心，所以一时认股如风潮涌，不数月间，已获百万"[②]。随后，湖北派刘心源等三人为代表进京，将湖北筹款情形向邮传部汇报，并请政府准予商办。1910 年 3 月 24 日，邮传部批准湖北设立商办川粤汉铁路公司。湖南谘议局及商学各界成立拒款保路组织。他们在致军机处和邮传部的电文中说："外债入，路权失，全湘利

---

① 复旦大学历史系编：《中国近代对外关系史资料选辑》上卷第二分册，上海人民出版社 1977年版，第 282 页。

② 武汉大学历史系编：《辛亥革命在湖北史料选辑》，湖北人民出版社 1981 年版，第 498 页。

害关系，风闻六月六日有签押之说，湘人死不奉命。"① 湖南省谘议局在拒款运动中充当了领导者的角色，为了堵塞清政府借外债的借口，迫使其取消与四国签订的借款草约，湖南谘议局通过了《湘路限年赶修案》，规定了筹集湘路股款的新办法，从法律上保证了湖南自筑粤汉铁路的资金来源。1910 年 3 月湖南赴京请愿代表谘议局议员粟戡时断指血书，上呈清政府，震动很大。终于迫使清政府准予湘路自办。

然而，清政府言而无信。1911 年 1 月，清政府委任盛宣怀为邮传部大臣，大借外债准备修路。5 月 9 日，颁布 "铁路国有" 上谕，以四省集股困难，修路不多为由，将粤汉、川汉铁路收归国有，11 天后，即 5 月 20 日，就与英、法、德、美四国银行团签订了 600 万英镑的《粤汉川汉铁路借款合同》。借款以两湖厘金盐税作担保，年息五厘，分四十年还清，此外，合同还规定建造此项工程，清政府必须聘请英、德、美工程师各一名。此次借款，条件之苛刻实为罕见，就连护理川督王人文也认为，"合同乃举吾之国权路权，一界之四国"。"其中规定条件，除抵押两湖五百二十万部有之厘捐外，自路线、工程、用款、用人、购材、息利等项，凡路政所有权限，一一给于外人。"这些还是条文中明显可以看出来的。此外还有不易觉察的隐患之处。宋教仁指出，借款合同影响所及，"将来不但举湘鄂二省之路权全移外人之手，即国家中央财政与湘鄂二省地方财政，亦不得不受其干涉，而最后结果，乃使吾湘鄂两省变为满洲之续，甚或率先推国而为坏及焉，亦未可知"②。所以清政府的 "铁路国有" 政策，实质是将铁路修筑权连同铁路控制权，一并出卖给外国人，从而激怒了人民。

首先起来反对铁路国有政策的是两湖地区的各界人民。在湖南，当铁路国有的消息传到长沙后，湖南商会铁路公司立即致电清政府军机处、外务部、度支部、邮传部，表示湖南省完全有能力自办，不用另借外债。5 月 13 日，湖南绅商学各界团体刊发传单，谓湘省粤汉路为全省命脉所关，将来借债修路，湘人生命财产均操外人之手，后果不堪设想。14 日，湖南各界一万余人在教育总会召开全体大会，决定全力抵抗，完全商办。16 日，湖南各团体同到督府，呈请湘抚杨文鼎电奏朝廷，收回成命，并称如抚台不允上奏挽回，商须罢市，学须罢课，一般人民须抗租税。杨文鼎见人众势汹，恐酿事故，

① 转引自丁守和主编：《辛亥革命时期期刊介绍》（Ⅲ），人民出版社 1983 年版，第 552 页。
② 宋教仁：《论近日政府之倒行逆施》，《宋教仁集》上册，中华书局 1981 年版，第 228 页。

便答应代为具奏。但清政府的态度十分强硬，6月3日，清廷下旨，严饬湘省绅民，"如有匪徒暗中鼓动，致生事端，着即从严惩办"。结果一些士绅退出了运动，6月16日后，杨文鼎加强了对运动的压制，禁止集会，实行新闻检查，派军警日夜巡防等，湖南的保路运动转入低潮。

在湖北，5月9日铁路国有政策颁布那天，湖北省谘议局召集军商学界一千余人召开会议，讨论对付借款问题。此前，湖北谘议局议长汤化龙被湖北各界公推为代表进京力争。4月26日，湖北各界为汤化龙饯行。"名则为汤君饯别，实则勉汤君死殉"，场面十分悲壮。但是，随着清廷强制措施的推行，湖北绅商开始出现分化，虽然谘议局态度坚决，热情很高，但商办铁路公司、铁路协会及商务总会的主要负责人却因筹款困难，早已意懒心灰。汤化龙三次电请铁路协会会长刘心源，晋京协同力争，但刘置之不理。军学各界也慑于清廷压力，开始退缩，湖北保路运动也由此消沉下去。

四川的保路运动起步较晚，但规模大，时间长，影响深远。6月17日，四川铁路公司召开大会，决定成立四川保路同志会，并推举谘议局议长蒲殿俊为会长。该会以"拒借洋款，废约保路，力图进行为宗旨"，并对"保路拒债"的内涵、必要性及方法都作了具体的规定。从规定中可以看出，保路运动并不是要反皇帝，反洋人，而是反贪官，他们认为此次借款修路，罪在盛宣怀一人，与皇上无关，与洋人无关。他们的口号是"庶政公诸舆论，铁路准照商办"。前一句反映了他们的政治要求，后一句反映了他们的经济要求。这两句话都是从光绪帝的上谕中摘出来的，在整个运动中，他们供奉着光绪帝的牌位，这种小心翼翼的态度恰好反映了立宪派的软弱性和妥协性。

保路同志会成立后，即派讲演员分赴省内府厅州县进行演说，并在各地组织分会。从同志会建立到7月8日前约20天，"会员名册不下十余万众"，从7月初到8月20日，省内各府厅州县，或在讲演员的推动下，或自动发起，建立了58个分会。参与保路同志会的，除绅、商、学界外，还有工界、宗教界、妇女界及其他各阶层人士。其涉及范围之广，实属前所未有。

保路运动的迅速蔓延，与当时的署理川督王人文的支持是分不开的。他两次上奏朝廷，力言借款合同丧失国权太大，要求严惩签字大臣，并提出修正合同意见。他认为："今日提出修正合同，外人不过索我赔偿损失，比之损失国权、路权既有轻重之分，比之激成内乱，不幸而见非常意外之变，其赔偿损失之巨，利害尤不可同日而语。"① 虽然王人文的出发点是维护清廷的统治，但客观上却推动了保路运动的进一步发展。一些四川京官，见王人文以一个外省人，身居高位，竟代川抗争，也加入保路运动行列。而对于素来怕惯了官府的老百姓来说，得到了署理总督大人的支持，又还有什么顾忌呢？于是保路同志会的气势便愈演愈烈了。

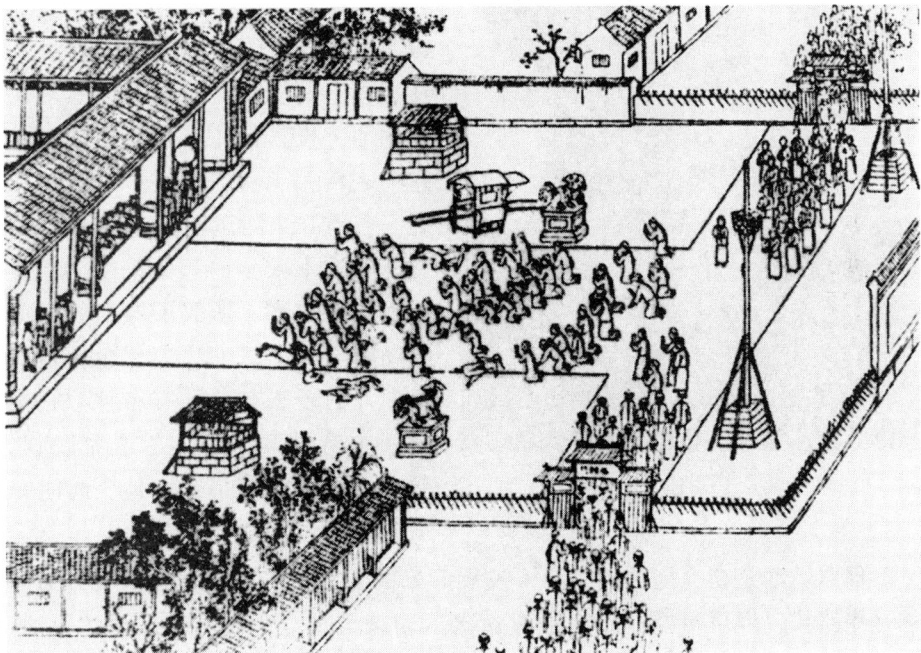

四川保路同志会请愿图

　　清廷对王人文的做法极为不满，遂把他调任为督办川滇边务大臣，改派赵尔丰为四川总督。8月3日，赵尔丰到任视事。开始时赵尔丰还假意同情保路运动，但不久即强行收回川汉铁路宜昌至万县段路权。消息传开，群众异常激愤，8月24日，数万名群众在成都集会，决定全川一律罢市罢课；一切厘税杂捐，概行不纳。9月5日，一份揭露清政府卖国罪恶、号召人民自保的《川人自保之商榷书》的文件在全川出现。这份自保商榷书成了赵尔丰镇压保路运动的借口。9月7日，赵尔丰下令全城戒严，封闭了铁路公司，逮捕了蒲

---

① 王人文：《辛亥四川路事罪言》，见中国史学会编《辛亥革命》（四），上海人民出版社1957年版，第419页。

殿俊等保路运动领导人，其理由是"假保路之名，行叛逆之事"。

消息传开，人心大愤，人们头顶光绪神位纸条，奔向总督衙门，要求释放蒲殿俊等人，赵尔丰下令开枪镇压，打死三十多人，伤者无数。血案的消息通过"水电报"（即在木板上写上成都的消息，然后涂上桐油，投入河中，顺流而下，消息随之传播开来）。传遍了四川各地。各地群众闻风而起。9月8日，成都附近十余县的起义军二十余万人汇集到成都，形成了群众大起义的局面。9月25日，同盟会会员吴玉章、王天杰在荣县宣布独立，推蒲洵主持县政，建立了革命政权，起义的烽火遍布川蜀大地。此时在川的清军已经无力对付了。

四川总督赵尔丰像

保路运动是在立宪派的领导下发展起来的。立宪派的最初目的一方面固然是保路权，但更重要的是想通过这次运动来维护立宪政治的理想和原则。他们所力争的是立宪政治的真正施行，但保路运动最后发展为武装起义，却是他们没有料到的，也是他们不愿看到的，所以当各地起义风起云涌时，他们便出来干预，要人们"急急回头"，但是形势的发展却不是他们所能控制的了，一种全国性的革命形势已经形成。

三、武昌起义与湖北军政府成立

随着两湖、四川地区保路运动的渐次展开，武装起义的时机成熟了。1911年9月24日，文学社与共进会举行联席会议，商议起义计划。双方的主要领导及各标营代表共六十余人出席了会议。会议由孙武报告两团体合并的经过，然后商讨起义日期。经一致议决，定于10月6日（阴历八月十五日中秋节）举义，并迅即电知湖南焦达峰同时发难。会议还推举蒋翊武为起义总指挥，设军事总指挥部于武昌小朝街 85 号文学社总机关部；另推刘公为总理，孙武为参谋长，刘复基、蔡济民、张廷辅等为参谋，杨时杰、杨玉如任内政，杨宏胜任交通，在汉口长清里 98 号（后迁至俄租界宝善里 14 号）设政治筹备处，牟鸿勋、梅宝玑负责草拟文告，制定旗号，孙武、潘公复、陈光楚制造炸弹。随后即分派各标营队代表任务，整个计划详细周密。

不料是日散会后，南湖炮队部分革命士兵为同营徐某饯行，酒后放言革命，被官长喝责，几至引发暴动，幸经邓玉麟及时劝阻得以平息，但是八月十五日起义的消息已经泄露出去。汉口各报也有革命党即将起义的消息，致使官方提高了警觉。总督瑞澂调集军队，排列机枪，保卫总督衙门；命巡警道严查各码头；命黎元洪以所统新军一部保护汉阳兵工厂；又调集长江舰队及本省巡防舰多艘，一律停泊江面；同时下令收缴士兵子弹和枪炮机栓，并向汉口德领事切商，多调兵舰来汉，如革命党暴动，即开炮轰击。在这种情况下，起义的准备工作遇到困难，加上黄兴、宋教仁等人来鄂日期未定；湖南的焦达峰又派人来汉通知，说准备不及，请暂缓发难日期，原定的起义计划只好推迟举行。

八月十五日那天，清军严阵以待，但起义并没有爆发。清方以为日期已过，可告无事。不料，意外的事件再次发生。10 月 9 日，孙武、邓玉麟等人在汉口俄租界机关配制炸弹时，发生意外。一旁观者在旁边看边吸纸烟，纸烟火灰飘入炸药之中，顿时浓烟滚滚，孙武的头部被烧伤，被送往医院抢救。租界内的俄国巡捕闻警赶到，搜去了尚未来得及隐藏的起义用的旗帜、袖章、文告、盖印纸钞等。清廷获取了革命党人的全部情况，准备按册捕人，情况十分紧急。邓玉麟、刘复基主张立即起义。下午五时，蒋翊武以临时总司令的名义签发了起义命令，定于晚 12 时以南湖炮声为号起义，以"兴复汉族，驱除鞑虏"为口号。命令拟好后，即派人送往各标营。但由于当时各营均闭门禁止出入，命令未能及时送达。午夜 12 时，南湖炮声未响，各标营不敢贸然行动，而此时清方已接到小朝街 85 号设有革命党机关的密报，派军警前往围捕，刘复基、彭楚藩等人被捕，蒋翊武因为留有长辫，穿一枣红马褂，满脸村夫子气，侥幸逃脱。清方又在工程第八营附近杨宏胜家，将杨捕获，并搜出许多炸弹。同时各机关也都被清方破获。当晚清方连夜审讯彭楚藩、刘复基、杨宏胜三人。"三人一到法堂，俱慷慨激昂。"彭楚藩在堂上发表演说，大讲革命救国的道理。刘复基、杨宏胜二人，"所供较彭楚藩尤为激烈，在堂上大骂满清政府不止"。审讯完毕，天已放明，清方立即将三人斩首。

瑞澂在杀害了三人之后，一面电告清廷已"弭患于初萌，定乱于俄顷"，"武昌汉口地方一律安谧"。一面又下令关闭城门，搜捕革命党人。他扬言革命党名册在其手中，必须一一拿办。这无异于把革命党人逼上了绝路。他们认为与其坐而待缚，不如奋起抗争，以求死里逃生，各营同志遂约定当晚起义。于是分途密告各营，天黑即动，一经发动后均至城内楚望台军械库集合，然后进攻督署。10月10日晚七时，工程第八营的程定国打响了起义的第一枪，全营暴动，熊秉坤立即集合队伍，前往军需房夺取了弹药，该营督队官阮荣发等前来弹压，为兵士所杀。其他军官见此情形，不敢阻拦，纷纷逃避。随后熊秉坤带队出营，直扑楚望台。楚望台设有军械局，汉阳枪炮厂二十年来所制造的枪炮子弹及历年所购置的外国枪炮，皆储藏其内，只要占领了该局，枪弹即有足够的保证。当晚防守军械局的正好是工程营左队队官原日知会干事吴兆麟，因而楚望台很快为革命军所得。不久，炮队第八标起而响应，在工程营的掩护下安全入城，到楚望台集合，方兴也带测绘学堂学生八十余人到楚望台，同时步队二十九标二营长蔡济民也带兵二十余名奔向楚望台。随着来楚望台的起义士兵越来越多，熊秉坤指挥失灵，一时起义军秩序混乱。此时急需一个人出来领导，吴兆麟懂军事，平时威望又高，因而被推举为革命军总指挥。开始时他力辞不受，在众兵士的坚持下方才接受。他于是宣布纪律：一、"各队受命后，彼此严密监视，不准有一人擅离队伍"；二、"各队受命后，必须照命令实行，如有不照命令，而自由行动者，共处死刑"；三、"不准侵害中外人民"；四、"各财政机关不准破坏"；五、"与我表同情之军队即欢迎之，否则奋力击灭之"。①

随后，吴兆麟发布命令，命邝杰、马荣、熊秉坤各率工兵一队，分三路进攻督署，同时命程国贞率炮队向督署开炮，蔡济民率步队二十九标已响应之一队掩护炮队，并将电报电话线全部割断，另由方兴率测绘学生一队防御中和门正街及通湘门，其他人在楚望台两端空地待命，布置完毕，各队均按指定地点分途出发。当晚12时，天降小雨，月黑风高，各处电线已被割断，全城漆黑一团，总指挥吴兆麟率敢死队百人，到督署后侧纵火，为炮队进攻指示方位。各路队伍见火光忽起，士气大振，而督署守兵见督署后院起火，顿起恐慌，特别是当他们得知瑞澂已逃走时，更是军心动摇，纷纷弃枪逃窜，天将放亮之时，革命军占领了督署。

---

① 曹亚伯：《武昌起义》，见中国史学会编《辛亥革命》（五），上海人民出版社1957年版，第111页。

瑞澂与张彪

　　那时驻扎武昌城内及城郊的新军和军校学生有七千多人，参加首义者约四千多，其中共进会会员和文学社成员约各占一半，其余则由排满主义所激起；站在起义对立面的，有宪兵营、辎重八营、第三十标旗兵营、教练队、督署卫队。据估计当晚和第二天参战双方各拥兵力四五千，但起义军切断电话线路，总督瑞澂、统制张彪等无法对部队调动指挥。当炮队向督署开炮时，瑞澂立即魂飞魄散，带巡防内守卫兵从督署后园逃到楚豫兵船上。张彪得知总督已逃，知大势已去，乃率辎重第八营渡江，到汉口刘家庙负隅自保。清方群龙无首，革命军得以从容布置。倘若瑞澂、张彪等持以镇静，死守不逃，待到天亮后集合未响应之各营，与革命军决一死战，胜败之数，尚不可知。

　　武昌起义时，一江之隔的汉阳、汉口对武昌所发生的情况一无所知。那时驻扎汉阳的新军为第四十二标一营，该营负责防守汉阳兵工厂和钢药厂。第四十二标的革命组织是文学社第四支部，胡玉珍任正代表，10月10日晨，胡玉珍去汉口办事，遇到了从武昌逃至汉口的王宪章，乃知武昌革命机关已被破坏，王宪章嘱咐胡玉珍立即准备起义。胡回营后把机关被破坏的消息转告同志王缵丞。那时他们都还不知道武昌起义已经成功。王缵丞乃派人渡江去打听消息。才知道武昌已为革命军占领。胡玉珍立即与王缵丞等商量，决定响应起义。11日晚，胡玉珍鸣枪为号，集合队伍，占领了兵工厂，并把三门大炮拖上龟山，做好防卫准备。这一举措关系重大，因为兵工厂是双方必争之地，谁控制了兵工厂，谁就居于有利地位。瑞澂在逃登楚豫舰后，曾派两鱼雷艇前往汉阳，以控制兵工厂。12日晨，当清方军舰向龟山驶来时，遭到炮击，被迫逃走，兵工厂得以保全，汉阳宣告光复。汉阳有当时全国最大的钢铁厂、兵工厂，起义军占领汉阳，掌握军事工业，不仅有利于武汉战守，邻近各省起义军的军火供应亦可解决。

汉口革命党人的行动大体与汉阳同时。那时驻扎在汉口的新军有巡防营和新军第四十二标第二营，第二营革命代表为赵承武。11日武昌起义的消息传至汉口，晚上赵承武集合队伍，并约法三章：挟私报仇者斩，争权夺利者斩，扰害商民者斩，并举排长林翼支为指挥，率队向刘家庙前进。林翼支也以标统名义发出布告，若有藉端滋扰街市者，一经查获格杀勿论。汉口局势得到稳定，这样，汉口除刘家庙地区外，也为革命军占领，至此，武汉三镇全部光复。

按照原定的程序，革命成功之后，立即建立军政府，由都督任军政府首脑。这样，10月11日上午，当武昌城内的战斗基本结束之后，革命党人便聚集到谘议局开会，商议建立军政府。但在确定军政府都督的人选时遇到了难题。同盟会中的黄兴、居正、谭人凤、宋教仁是适当人选，但当时他们或在香港，或滞上海，都不在武昌，起义前预定的都督刘公则在汉口（时汉口尚未光复），孙武则在医院疗伤，蒋翊武也出亡未归。而与会的革命党人资历太浅，组织能力和对局势的把握能力也差。在这种情况下，有人提议请湖北谘议局议长汤化龙出任都督，时汤化龙也应邀参加了会议，并被推为主席。他当即表示，"革命事业，鄙人素表赞成。但是此时武昌发难，各省均不晓得，须先通电各省，一致响应，以助大功告成。况瑞澂自遁走后，必有电报到京，清廷闻言，必派兵来鄂与我们为难，此时正是军事时代，兄弟非军人，不知用兵，关于军事，请诸位筹划，兄弟无不尽力帮忙。"吴兆麟听汤化龙这么一说，就提议推黎元洪为都督，汤化龙为民政总长，大家一致表示赞成，都督人选就这样定了下来。

黎元洪被推为都督，也并非偶然。黎元洪时任第二十一混成协协统，在湖北新军中素有"知兵"、"爱兵"的美誉，声望远在鄂军统领张彪之上。保路风潮期间，他还以军界代表身份签名参加铁路协会，与立宪派及保路运动士绅建立良好关系，因而他是一个各方面都能接受的人选。但开始时黎元洪胆小，害怕革命，拒绝接受这一职位。他本来不是革命党人，也并不同情革命，就在武昌起义发动的当晚，他还亲手杀害了革命军总指挥派往联络各营的革命党人周荣棠，当革命党人炮轰督署时，他躲到了参谋刘文吉的家里，被革命军发现后，"请"到了楚望台。之后又由革命党人把他从楚望台请到了谘议局，并被推为都督。

黎元洪虽然态度消极甚至反动，但是吴兆麟始终恭恭敬敬，诚心诚意，吴兆麟当然也不是一味迁就讨好黎元洪，他有他的顾虑。他对力主杀黎的张振武说过，"欲收新军全体来归之效，非借黎元洪资望不可。至于各省，若闻革命军领袖系一小官，必少附和。吾辈欲革命速成，借黎元洪之名以号召天下，一

黎元洪像

则使各省可表同情，二则使外人不敢轻视。"[①] 后来的事实表明，在当时的情况下，拥黎出任都督对革命是有利的。瑞澂闻黎已出，知大势已去，始乘军舰离鄂；军民知黎已出，人心渐趋安定；外交团也以黎出，迅即承认革命军为交战团体，并正式宣布中立。此外，如汉口、汉阳光复之快，各省响应之速，都与黎出有关。可以看出拥黎这一着，虽属迫不得已，却于大局有利。本该由革命党人出任的首义都督，却不得不落到旧官僚黎元洪头上，这件事，从另一方面说明了革命党的主要领袖人物对这次起义的发动缺乏必要的思想准备。它预示着革命的最终结局。

12 日清晨，军政府以黎元洪的名义陆续发出《布告全国电》等，历数了清廷的残暴、腐败种种，号召全国起而响应，推翻清政府。黎元洪眼见局势可为，态度渐趋积极。10 月 17 日，黎元洪在军政府前主持了祭天誓师大典，在誓师词中，他信誓旦旦："与军士庶民，戮力同心，殄此寇仇，建立共和政体。"

---

① 曹亚伯：《武昌起义》，见中国史学会编《辛亥革命》（五），上海人民出版社 1957 年版，第 133 页。

　　武昌起义后建立的湖北军政府，就性质而言，是资产阶级地方共和政府，这最鲜明地体现在它所颁布的《中华民国鄂州约法》。该约法由宋教仁起草。宋教仁于1911年10月下旬随黄兴到武昌，之后便埋头起草约法。11月9日，约法由军政府公布，共7章60条，其第一章"总纲"规定，鄂州政府由都督及其任命的政务委员与议会法司构成；第二章"人民"规定，人民一律平等，有言论、著作、集会结社、通信、信教、居住、迁徙、财产保有、营业、身体等自由，有诉讼于法司、陈请于议会、陈诉于行政官署、选举与被选举等权利，有纳税、当兵等义务；第三章"都督"规定，都督由人民公举，代表政府总揽政务、公布法律、统率水陆军、任命官员等，任期三年，连任以一次为限；第四章"政务委员"规定，政务委员依都督之任命执行政务，发布命令，提出议案，编制预算等；第五章"议会"规定，议会由人民选举议员组成，议决法案，审理决算。议会可以向政务委员提出条陈、质问，要求答辩或弹劾，可以受理人民的陈请等。第六章"法司"规定，法司由都督任命之法官组成，依法审判民事诉讼及刑事诉讼，第七章为"补则"，规定约法修改原则及实施日期。约法最重要之处，在以法律形式确定了人民的自由民主权利，它成为以后南京临时政府颁布的《临时约法》的蓝本。

　　然而，政权的建设并非人们想象的那样顺利，因为武汉很快就陷入了大兵压境的境地。就当时而言，革命最终能否成功，仍然是个未知数。

被革命军攻克的武昌湖广总督署旧照

四、袁世凯复出

自从袁世凯被革职回老家养"足疾"之后，政局的发展变化如此之快，是清朝统治者所没有预料到的，而到了危急关头才发现，原来朝廷中并无一人能够有实力帮助朝廷挽救危局。清廷在万般无奈之下，还得请袁世凯出山。

袁世凯这个人是晚清历史上一个非常独特的人物。他出生于河南项城一官僚世家，早年考科举不中，1881 年 5 月到山东登州投奔淮军将领吴长庆，吴长庆是袁世凯叔父，也是养父袁保庆的好朋友，因此，吴对袁极为照顾，不久便提拔袁为庆军营务处帮办。1882 年 6 月，朝鲜发生"壬午兵变"，吴长庆率兵入朝镇压，袁世凯随军前往镇压，帮助吴长庆诱捕朝鲜大院君，平定叛乱，又在混乱中自作主张，果断处死抢掠朝鲜村民鱼肉蔬菜的清兵，显示出非凡的应变能力。此后，袁世凯奉命留在朝鲜，帮助朝鲜政府编练新军，"一切悉从湘淮军制"。1885 年 12 月初，亲日的"开化派"在日本支持下发动政变，杀死亲华的大臣多人，中国驻朝鲜商务委员陈树棠处置不当，袁世凯则随机应变，自行决定派清兵攻入王宫，平定叛乱。袁世凯此举使李鸿章大为赞赏。1885 年 2 月，日本政府派伊藤博文来天津谈判，坚持要求中国从朝鲜撤兵并惩办袁世凯，李鸿章同意中日军队于四个月内同时从朝鲜撤兵，但对于日本严惩袁世凯的要求则决不同意，最后仅同意以私人名义"行文戒饬"而已。不仅不加惩处，李鸿章很快就决定重用袁世凯。1885 年，他向清廷保荐袁世凯"胆略兼优，能知大体"，"足智多谋"，建议清廷任命他为"办理朝鲜交涉通商事务"全权代表。11 月 13 日，袁世凯赴朝鲜上任。

1894—1895 年，中日因朝鲜问题而发生甲午战争，中国战败，李鸿章失势。袁世凯回国以后，积极活动，得到新设立的督办军务处大臣李鸿藻、翁同龢、荣禄等人赏识，又得到刘坤一、张之洞等人保荐，于 1895 年底到达天津小站，接管定武军，改扩为新建陆军，全军 7300 多人，按照德国陆军制度编制训练。戊戌变法后期，康有为等维新派试图调用袁世凯的这支军队进京包围颐和园，逮捕慈禧太后，拥护光绪皇帝进行变法。维新派的活动，特别是调袁世凯进京等，引起慈禧太后的警惕。袁世凯离京返津后，曾想向荣禄汇报康有为等人的计划，但未及报告，京城已经发生政变，光绪皇帝被囚，袁也因此而被不少人视作出卖光绪皇帝的告密者。

两年之后，当义和团运动爆发时，袁世凯又一次找到自我表现的机会。他奉命到义和团运动的发源地山东接任巡抚。他对义和团加以残酷的镇压，得到了外国列强和清廷的赏识。1901年，袁世凯被任命为直隶总督，成为继曾国藩、李鸿章之后，权力最大的封疆大吏。正是在直隶总督任上，袁世凯发起了许多重大改革。在他的动议和指导下，该市的管理迅速发生重大变化，几年之内，过去曾经是最为混乱的地方之一的天津，变成了中国的样板市。袁世凯所办诸事中，包括引进电灯、电车、自来水、卫生设施等。拓宽改良了街道，组建了警察系统。肮脏、黑暗、狭窄的街道上，几十年间积累起来的垃圾被清运走了，道路也亮起来了。袁世凯在天津及保定府等建立多所大学，聘用外国教习，又在全省设立中小学堂，使直隶成为全国新式教育的中心。袁世凯还在天津试行的地方自治，更是成为全国学习的榜样。

清廷早就想除掉袁世凯，但是，羽翼已丰的袁世凯却没有那么容易就会被除掉。之所以如此，袁世凯自身所培养、凝聚的力量强大是一个原因，列强的支持是另一个重要原因。当袁世凯被开缺回籍之时，英国驻华公使朱尔典曾经召集各国公使开会，准备向清政府提出抗议，要求清政府撤销革袁的决议，否则各国将停止正在与中国进行的贷款等一切外交谈判。由于各国公使意见不一致，最终未能采取集体行动，但却对清政府造成极大压力。武昌起义爆发，湖北省城陷落，清政府得报后"殊深骇异"，下令将湖广总督瑞澂革职，仍留署湖广总督原任，戴罪图功，克期收复武昌，同时命令军谘府和陆军部派两军南下，赴鄂剿办，由陆军部尚书荫昌统率指挥，乘"专车""迅速前往"，又令海军部加派军舰，由萨镇冰督率前进，并饬程允和率长江水师即日赴援，所有湖北各军及赴援各军俱由荫昌指挥调遣。① 清政府派出的运兵专车很快，但被运送的将士心理很"慢"，荫昌虽贵为陆军部尚书，也曾经在袁世凯的北洋系统中担任过职务，但北洋各将领并不领命。

武昌起义爆发的第二天，恰逢袁世凯52岁生日，袁的一些老部下赵秉钧、张锡銮、倪嗣冲、王锡彤等前来袁养疾的洹上为袁祝寿，寿宴正在进行之时，传来武昌起义的消息。袁世凯意识到，复出的机会到了。倪嗣冲等劝袁乘天下大乱、民无所归之际，黄袍加身，自开局面，但袁世凯权衡再三，认为暂时不宜称帝，而只能先帮助清室维持局面。② 不过，袁世凯对当年清政

---

① 《清实录》第60册，第1095—1096、1097页。
② 李宗一：《袁世凯传》，国际文化出版公司2006年版，第156—157页。

府以"足疾"为由把他革职一事，还耿耿于怀，不愿轻易出山，他要利用这一机会，向清廷要足了身价再说。

袁世凯在待价而沽，但清廷却如坐针毡，一向与袁世凯关系密切的庆亲王奕劻及内阁协理大臣徐世昌等均建议尽快起用袁世凯以挽救危局。实际上，从1910年底开始，重新起用袁世凯的传言就已经在官场之中沸沸扬扬，而在武昌起义爆发前不久，庆亲王奕劻请求辞去内阁总理大臣时，准备推荐的继任人选就是袁世凯，不过，清廷没有批准他的请求。英国公使朱尔典、美国公使嘉乐恒等也分别拜会庆亲王奕劻、摄政王载沣等，表示希望看到清政府起用袁世凯。摄政王载沣极不情愿起用袁世凯，但遍观朝中，实无一大臣能有效阻止革命向各省迅速蔓延，遂不得不决定起用袁世凯。10月14日，清廷发布上谕，任命袁世凯为湖广总督，并督办剿抚事宜。上谕不无讨好地说：该督"世受国恩，当此事机紧迫，自当力顾大局，勉任其难，毋得固辞，以副委任"。又谕：袁世凯现简授湖广总督，所有该省军队及各路援军均归袁节制调遣，荫昌、萨镇冰所带水陆各军并著袁世凯会同调遣。①

等待时机的袁世凯

① 《清实录》第60册，第1100页。

对于清廷的这一决定，袁世凯心中有数，知道清廷对他还不完全放心，军队还不敢完全让他节制调遣，遂引用当年朝廷革去他职务让他回籍时的原话，奏报朝廷，说旧患足疾还未痊愈，暂时还不能马上赴任，同时提出增募新军、调派将领等建议，要求清政府调自己的得力部下王士珍襄办湖北军务，调冯国璋接任第一军总统，调段祺瑞接任第二军总统，以及宽筹款项等。清廷被迫答应他的全部要求，并于10月27日任命袁世凯为钦差大臣，所有赴援之海陆各军、长江水师等均归其节制，凡有关湖北剿抚事宜，均由袁随机因应，妥速办理，军谘府和陆军部不为遥制，陆军部尚书荫昌在冯国璋到达后即行交接返京。

袁世凯见火候已到，所开列的条件已经基本实现，便决定复出。他知道首先得让清政府满意，因此他命冯国璋率部猛攻汉口。革命军在黄兴的督战下，节节抵抗，清军难以长驱直入，乃纵火焚烧街市房屋，使革命军无法藏身。到11月2日，汉口全市大火，革命军无法立足，乃全部向武昌撤离，汉口陷落。

汉口失陷后，军政府召开紧急会议，黄兴报告了汉口战事的经过及失败原因。他认为有六个原因导致汉口战事失利：（一）各队新兵最多，秩序不整，难以指挥；（二）军官程度太低，均不上前指挥，至战时因与兵士穿一样服装，辨别不清，亦极复杂；（三）各队战斗日久，伤亡过多，官与兵均已疲劳太甚，毫无勇气，且一闻机关枪声，即往后退；（四）兵士中在武汉附近所招者甚多，一到夜间，即潜回其家，以致战斗员减少，各军官因仓促招募，也无从查实；（五）民军军火，全在步枪，无机关枪，一与敌接近，即较敌人损伤为重。民军炮队又系山炮，子弹射出，又不开花，且射程短，不及清军退管炮效力之远；（六）清军俱系北洋久经训练之兵，秩序可观，亦善射击，唯冲锋时不及民军灵敏。故每闻民军冲锋喝杀声，即往后退，民军可恃者仅此而已。他建议部队进行休整，待湘军来援，再图反攻。众人一致表示同意。同一天，居正等人建议推举黄兴为战时总司令，所有各省军队均归其节制调遣，并请黎元洪登台拜将，授以全权，以示郑重其事。黄兴自到武昌以来，一直以革命党资望号令各军，终有名不正言不顺之感，且各军有不服从命令者，黄兴也无法驭制。推举黄兴为总司令，则可解决这一问题。此议得到黎元洪首肯。11月3日，黎元洪在阅马厂筑一将坛，隆重举行"登坛拜将"仪式，举黄兴为战时总司令，要求全体将士，均听其指挥调遣。

此时，清廷方面又有一些新的变动。11月1日，奕劻皇族内阁辞职，清廷任命袁世凯为内阁总理大臣，3 日颁布《宪法信条》19 条，承认皇帝之权以宪法所规定者为限；6 日释放了谋刺摄政王载沣的汪精卫等人。13 日，袁世凯到达北京就任。与 1909 年他被罢免时仓皇而凄凉地逃出北京不同，此次

辛亥革命武汉保卫战之炮兵

他返回北京所乘坐的专列由河南籍士兵组成的亲兵卫队以及保卫黄河大桥的第一镇士兵护送，大批官员和外国人在火车站迎接。从火车站一直到他的住所，沿途两边站满了欢迎他的人群。当天晚上，清政府又进一步，把京城内和京畿地区包括禁卫军在内的所有军队亦交由袁世凯指挥调遣。不久之后，摄政王载沣退位。至此，袁世凯利用武昌起义后革命党人所造成的革命局面和压力，迫使清政府交出了几乎所有军政实权，他不仅成了握有实际政权的内阁总理，而且也实际控制了长江以北地区所有军队。①

　　袁世凯在接管了清廷的军政大权后，加紧了对民军的"和平"攻势。11 月 11 日，袁世凯派蔡廷干与刘承恩携函赴武昌，会晤黎元洪与黄兴，探询停战议和意见。蔡廷干说，他作为袁世凯的代表前来致力于恢复和平，如果可能的话，达成和解，他极力陈说共和政体不适合中国国情，认为如果每个省是联邦共和国的一个州的话，可能由此而发生分裂的危险，并指出，在袁世凯看来，保留清朝而限制君权是维持帝国统一的最好保障，像英国那样的君

---

　　① 《泰晤士报》1911 年 11 月 13 日、14 日。

主专制，是最稳定的政体，是廉洁政府的象征。但是，革命军代表并未被他的话所打动，他们表示赞成中华合众国，中国所必需的和人民决心要求的是一个共和国，这个共和国部分仿效英国，部分仿效法国。① 显然，袁世凯与革命军方面在建国的指导思想上存在巨大的分歧。蔡廷干等两手空空离开武昌，袁世凯遂决定在军事上压倒革命军。

与此同时，革命军加紧部署反攻。11 月 14 日，黄兴主持召开军事会议，部署反攻汉口计划。16 日，黄兴发布反攻汉口命令：革命军分左、中、右三路反攻汉口，但很快失利。反攻汉口失利，使汉阳的防御陡然紧张，恰在这时，由于海军起义并驶回武汉参加作战，革命军的力量得到加强。早在 10 月 20 日，黎元洪就曾以学生名义致函海军提督萨镇冰劝其反正，信内称"刻下局势，只要吾师肯出，拯救四万万同胞，则义旗所至，山色改观，以四万万同胞与数千满族竞争，以方兴之民国国民，与运尽之清廷抵抗。华盛顿兴美，八年血战，吾师若出，将见不几月而亚洲地图之上，必有中华民国国旗飘扬也。"看信后，萨镇冰"默无一言"。时任海军参谋汤芗铭及江贞舰舰长杜锡珪同情革命，"不断劝说萨先生率领海军起义，顺应潮流，为革命建立功劳。"经汤、杜多次劝说，萨镇冰同意把舰队开赴九江，随后萨离舰去了上海，汤芗铭被推为临时海军总司令，他立即宣布杜锡珪任海容舰舰长，林耐菴升任海琛舰舰长。一切布置完毕后，宣布起义，汤芗铭率舰队于 19 日驶回武汉，参加对清军作战，武汉军民深受鼓舞。

但是，防守汉阳的任务依然十分艰巨。汉阳地势最高，龟山的炮火可以控制整个武汉，而且汉阳拥有最大的兵工厂，清军必定会全力猛扑。冯国璋

萨镇冰像

① 《蔡廷干上校来访接谈记录》，见［澳］骆惠敏编，刘桂梁译《清末民初政情内幕》（上），知识出版社 1986 年版，第 792—793 页。

召集清军将领开会说，"今日之战，则重在汉阳。汉阳之大别诸山，俯瞰武汉，如釜底一丸，下掷则全城瓦碎，不待攻而自破矣。为今之计，唯有先取汉阳，为攻心之上策。"显然，汉阳的得失关系到整个战局的成败。为此，冯国璋进行了精心策划，到11月20日，清军完成了对汉阳发动进攻的准备。革命军方面，黄兴于11月20日主持召开军事会议，讨论对敌办法。经过讨论，革命军决定采取坚守汉阳以待援军，同时进攻汉口以抄敌后路的方针。自21日起，革命军与清军连续激战，伤亡很大。到26日，革命军全线溃退，汉阳失守，革命军退守武昌。至此，自武昌起义日起，至汉阳失陷，革命军英勇抗击清军48天。

11月27日，军政府召开紧急会议，黄兴认为导致汉阳之役失利的原因有三点："第一，系官长不用命；第二，军队无教育；第三，缺乏机关枪。有此三缺点，故每战失利。"他主张放弃武昌，再图恢复。此议遭到众人反对，张振武扬言，"敢言弃武昌者斩！"黄兴知道众意难违，第二天黯然离开了武昌。黄兴前后在武汉苦战一个月，虽然汉口、汉阳先后失守，但为全国各省的响应赢得了时间，其功绩是很大的。黄兴走后，军政府任命蒋翊武为战时总司令。与此同时，黎元洪分别致电独立各省都督，迅速派兵援助武昌。此时，前线的形势对清军十分有利，但就在这时，形势再度发生变化，袁世凯突然停止了对革命军的军事行动。

五、列强的反应及其影响

袁世凯下令停止进攻，既与他自己的整体计划有关，也与列强的态度有关。

武昌起义后，10月11日，清政府汉口道台奉湖广总督瑞澂之命照会驻汉口的英、法、德、俄、日五国领事，请求各国派舰在武汉江面巡逻，以阻止革命军渡江攻击汉口，各国领事均未接受。后瑞澂逃离武昌抵达汉口，声称"义和团复起"，立即派人要求德国领事开炮轰击革命军。德国领事力主干涉，但限于1901年列强讨论《辛丑条约》时达成的不得由一国单独行动的默契，遂主张召开五国驻汉口领事团会议。10月13日，英、法、德、俄、日等五国驻汉口领事举行会议。会上，德国领事认为武昌起义是义和团事件的重演，主张帮助清军对革命军作战。法国领事则反对进行干涉。这一主张得到英俄两国领事的赞同，日本领事起初支持德国领事的意见，但未固执己见。于是，

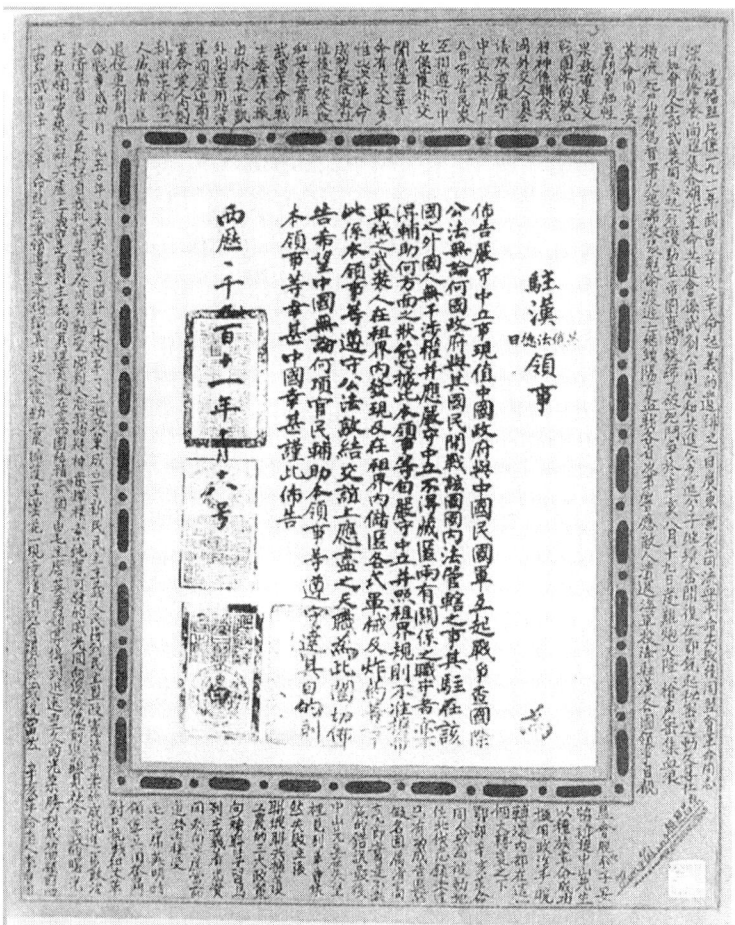

列强宣布中立布告

领事团会议决定持中立态度。10 月 18 日，五国驻汉口领事团正式发表"中立"宣言。[①]

列强之中，英国所占对华贸易额最大，在华利益最多，革命所涉及的长江流域及长江以南地区、东南亚等地，更被英国认为是其势力范围。但是，在袁世凯复出之前，英国既看不出革命党方面谁能代表整个革命党人，同时也看不出清廷有扭转局势的希望。他们从清廷发布的谕令中，感受到了一种"沮丧"的情绪，"恰像是一个最后的王朝灭亡前的呻吟"，那时清王朝的权

① 中国史学会主编：《辛亥革命》（五），上海人民出版社 1957 年版，第 227 页。

贵都在忙着将自己的珍宝财物兑换成金条，"以便携带"，就连摄政王两兄弟也已将妻子送到郊外山区隐蔽处。① 因此，英国政府及其在华代表采取的始终是一种谨慎的"自我克制"的方法，一切行动以保护在华利益及在华英人的生命财产安全为前提，以免刺激革命党人。② 换言之，南方的革命党前途如何还看不清楚，但利益所在，不能得罪，北方的清政府虽是与英国立有条约的合法政府，但已经衰落，不可指望。为此，英国采取了一项"不干涉"的"中立"政策，承认南方革命党人的"交战团体"地位，承认其为实际控制局势的政权，停止支付先前与清政府商定的借款，在清政府和革命党人之间保持"中立"。但是，这种"中立"是暂时的，英国实际上是在等待时机，挑选新的代理人。一旦新的合适的代理人出现，英国就会改变政策，支持这位新的代理人。

袁世凯复出之后，英国认为，自己理想中的新代理人已经出现，因此，它开始采取一切措施，配合袁世凯的行动。袁世凯赞成君主立宪制，那自然正好符合英国的基本政策，如果袁转向共和制，那也无所谓，只要他能保证英国的利益即可。正是基于这样的立场，英国政府外交部于1911年12月5日向日本代办致送备忘录，提出："在清王朝名义的统治之下的立宪政府，将为目前危机提供最佳解决办法，而共和制则是行不通的，可能引起中国的全面分裂。所以乍一看，列强似乎应支持现存王朝。但英王陛下政府认为，中国过去的历史产生了这样一种看法，外国干涉会损害而不是促进君宪制度。强烈赞成共和的南方党人会得到许多新的拥护者，这是外国列强共同承认的事实。……总之，根据这里收到的最后报告，革命党和袁世凯的代表要在汉口举行会谈，讨论设法找到危机解决办法的问题，因此，英王陛下政府认为，在决定有关列强进一步采取行动以达成进一步的解决办法之前，应当等待会谈的结果。"③

列强之中另外一个因地缘等原因而具有特别优势的日本，所采取的政策和措施与英国不完全相同。它一方面利用其情报网监视着孙中山在海外的筹款及外交活动，另一方面又不断制造紧张气氛，向列强建议，由日本派军队承担山海关以北整个中国华北的铁路的警戒任务，并在中国东北地区调动军队和军事物资，随时准备采取军事行动。同时，又通过日本驻英国代办山座

① 《朱尔典爵士致坎贝尔爵士函》，见章开沅等主编《辛亥革命史资料新编》第八卷，第99—100页。
② 《格雷爵士致窦纳乐爵士函》，见章开沅等主编《辛亥革命史资料新编》第八卷，第95页。
③ 章开沅等主编：《辛亥革命史资料新编》第八卷，第114—115页。

圆次郎及驻中国公使伊集院等各种渠道，向英国政府提出，"日本政府从一开始便看出中国会发生目前暴乱的危机本质，但至今一直限制本身保持纯粹旁观的态度，认为应先静观局势的发展一段时期，再考虑采用适当的手段去对付，才是明智的。现在局势一天天变得更坏了。满清的威权已经丧失殆尽。政府当局既无权力又无诚意去挽救危局。叛乱遍布全国，只剩下北部少数几省还在中央政府控制下。袁世凯在进入内阁时，众人对他寄望很高，现在他看来也未能应付所面临的重大困难。……日本政府认为，在这种情况下，要由中国政府单独致力恢复社会秩序，是不可能做到的。……眼见中国局势如此，日本政府不得不认为，在中国拥有重大利益的列强，此时此刻不应该再保持纯旁观的态度了，起码他们必须采取适当的手段，以维护他们在中国的利益。因此，日本政府恳切希望能首先得知英国政府对中国一连串事件的看法，以及英国人认为应采取什么步骤，以挽救此种局势。"[1]

对于中国究竟应该采用君主立宪还是共和立宪这一重大问题，"日本政府的意见是，共和制度不但就传统条件来看，在原则上对中国不实际，而且就目前环境而言，中国要把这个理想付诸实行，根本也未准备就绪。""同时，清朝很显然地已经完全丧失威权，因此，也不可能要满人恢复权力，重整他们的政权以统治中国。所以日本政府认为，挽救中国局势的唯一最好办法是，一方面放弃空洞而不切合实际的共和制度理想，另一方面要满清废除独裁制度，开始尊重汉人的权利，建立一个实际由汉人治理的政府，但名义上仍在清朝的统治之下。幸好，中国立宪的基本条文，虽然看来有些虚浮，但总算已经起草，而且摄政王已经代表皇帝，于11月26日在祖坟前宣誓实施，并声明永远维持。在此情况下，日本政府认为，中国最好应当至少在目前找出合乎立宪原则的政策路线，在行政上付诸实施。因此，日本政府的意见是，列强应该劝清廷承认按照上述原则以求维持王朝，同时又应该让革命分子了解，他们的共和理想不但不实际，而且会危害国家的生存及民族未来的繁荣。我们这样做，是为了让两派首先停止争战，接着进行妥协。至于对未来的保证，在中国拥有重大利益的列强，应当利用他们的力量，一致维持清廷的存在，而又同时尊重汉人的地位。"[2]

在此前后，中外舆论和政治、外交界对中国未来国家领导人提出了三大

---

① 章开沅等主编：《辛亥革命史资料新编》第八卷，第95、101、119—120 页。
② 章开沅等主编：《辛亥革命史资料新编》第八卷，第121 页。

类不同方案：一类是在现有清朝政府框架下组织责任内阁，由袁世凯出任内阁总理；第二种是维持君主立宪制，但废除小皇帝溥仪，从清皇室内部另选成年男性来出任皇帝，亦有人建议请孔子的后裔或明朝朱元璋的后裔出任皇帝，北洋军内部则有人建议袁世凯出任皇帝；第三种是实行共和，自荐或被荐出任大总统一职的人选则有孙中山、黄兴、黎元洪、袁世凯等。以英、日为代表的列强在物色代理人时，曾经就以上各类方案进行过商讨，而他们首选的方案则是维持名义上的清朝皇帝，而由袁世凯出面主持政府，以便使列强在华利益最大化。但是，正在崛起的袁世凯并不甘于任列强摆布，他也在利用英、日等列强，以达到自己的政治目的。

　　1911 年 11 月 14 日，袁世凯抵达北京后的次日，即派其子袁克定前去拜访英国公使朱尔典，向朱表示：袁世凯原本希望挽救清廷，但现在却似乎已不可能再扮演这样一个"忠贞"的角色，因此感到很困惑，不知道下一步应该采取何种路线。"全国民意皆要求废除王朝。黎元洪和武昌起义的领袖们，已促请袁世凯出来担任中华民国的总统，他们保证充分支持他。相信上海、广州及其他革命据点亦皆会跟着给予支持。一般民意希望废弃王朝制度，并在热河或蒙古为清朝王族安排适当的赡养。袁世凯希望在清廷下面成立立宪政府，有关这一点，唐绍仪和袁氏许多旧友都拒绝与袁合作。"他询问朱尔典对此有何意见。朱尔典告诉他"最好的解决办法是，保留满清王朝作为国家的象征元首，而同时如所承诺地作立宪的改革。共和体的政府在我看来仍不适于中国，而是一项冒险的尝试。"袁克定又告诉朱尔典：起义的人士要袁氏担任统治者，他父亲可能会被拥立为皇帝，而共和可能只是个过渡阶段。他并要求朱尔典将以上谈话内容转告美国驻华公使等。[①] 有意思的是，袁世凯与朱尔典已经约好于 11 月 15 日见面，但就在他们见面的前一天，却派其子与朱尔典进行了上述对话，而传达的信息则是袁对挽救清廷这样一个角色定位有困惑，革命党人邀请袁出任民国总统，而北洋军将领希望袁做皇帝！

　　11 月 15 日，朱尔典拜会袁世凯。谈话中，袁世凯说，黎元洪坚持废除满清，上海及南方革命军皆支持成立民国，然北方民意则赞成君主立宪。今资政院既不足代表全国民意，建议在上海或天津召开各省代表大会，将其本人计划交由大会讨论通过。若北方各省支持其政策，将可形成一政府核心，最终将赢得南方支持，或最后达到武力统一。袁又说，自己面临的困难极大，

---

① 章开沅等主编：《辛亥革命史资料新编》第八卷，第100—101 页。

准备武昌起义胜利后发行的钞票

过去的幕僚已经被四处分散到各种不同的机构，而最困难的则在于国库空虚，又无新的财政来源，故政务之执行与军队之补给都无法推展。对于目前的政策，他归结为"妥协辅之以武力"，在确实把握民意的基础上，据此制订计划。最后，他还问是否能够获得英国政界人士中有实际经验者的辅助，不是以顾问的身份，而是以朋友的身份来帮助他。[①]

袁世凯及其儿子的表态，让英国人心领神会。而在此之前，孙中山已于11月13日托人致信英国外交部，说明中国革命进展情况，要求英国政府贷款100万英镑给他，表示愿意接受一名英国官员担任他的参谋，并答应他担任总统之后，将与英国政府和美国政府订立优惠国家条约，此外，将聘请英国海军官员来训练中国海军。因此，就在朱尔典与袁世凯谈话的当天，格雷爵士代表英国外交部致函朱尔典："希望中国事态结局，终能建立一个使中国强大起来之政府，能够处理万事，免于外国干涉。此一政府不但能为我们所承认，且能获得我们的友谊及一般性的支持。我们但愿能见到强大而维持通商门户开放之中国政府，并不在乎此政府由何人组成。不过，袁世凯乃是我们所敬

---

① 章开沅等主编：《辛亥革命史资料新编》第八卷，第102页。

重之反革命的好官，我们相信，在满清政府未将他解职前，中国在他领导下是有进步的。"①

除了面对面地开展外交攻势之外，袁世凯也熟练地运用现代舆论工具为自己造势。11 月 20 日，袁世凯在北京接见英国《泰晤士报》记者。记者发现，不久前还宣称旧疾未愈、尚须调治的袁世凯，"身体特别好，信心十足"。袁世凯向这位记者发表长篇谈话，表示决心不遗余力地重建一个稳定的政府，并避免国家分裂。抱着这样的目标，他呼吁把现存的王朝作为有限君主制保存下来，因为他担心，如果革命党的要求得逞，王朝被推翻，就会发生内部争吵，导致无政府状态，那时外国的利益就会受到损害，外人的生命就会受到威胁。他说，革命党人中间早已有纷争的迹象。各省都有自己的目标与野心。北方与南方的意见不能调和。他们的目标分歧很大。他说，他很担心失去控制的民主会导致动乱，引起国家分裂和被瓜分。他认为，保存现有王朝，剥夺其一切权力，仅仅把它作为君主制的象征保留下来，这将是保证国家完整的一种纽带。七成的人民还都是保守的，都满意于旧王朝的统治，十分之三的人属于激进派。如果革命党人能够把现存的王朝推翻，就可能出现另外一场革命，由保守派领导，其目标是复辟满族统治。在这样的混乱状态下，所有各派的利益都将受到损失，国家在数十年间将无和平可言。

正是在这次访谈中，袁世凯借这位《泰晤士报》记者的口，公布了所谓"热河计划"，即清廷自愿退往热河，以待召开全国大会来决定将来中国采取何种政体，决定是采取有限君主制还是联邦共和制。他表示，在过去一周中，他曾认真考虑过那一计划，而且现在仍在考虑之中。他所担心的是，皇室过早离开可能会导致不必要的恐慌，从而导致他刻意要避免的流血事件的发生。②

12 月 22 日、23 日，袁世凯连续邀约日本公使伊集院和英国公使朱尔典，商谈南北和谈及中国未来政体问题。会晤中，他非常强调他与共和"毫不相干"，"即使他本人愿意接受革命党人向他提出的建议，他也无法使他的将领和他的军队跟从他"。他非常"真诚"地说，"他确信共和政体将导致中国分裂和灭亡，他宁可引退返乡，也不愿意参加如此冒险的尝试。他主张保持其国家的完整，他还相信，帝制观念牢固地扎根于民众的习惯和心理之中，它

---

① 章开沅等主编：《辛亥革命史资料新编》第八卷，第 102、103 页。

② 《泰晤士报》1911 年 11 月 21 日。

不能容忍因共和立宪的引进而造成对过去的剧烈破坏。"他表示，在目前国家陷入混乱状态的情况下，他愿意通过国民代表会议来作出决定，前提是皇帝要发布上谕授权这样做。日本公使在会谈时，转达了日本政府的立场。日本公使与袁会谈后与朱尔典交换看法，表示：如果中国建立共和制，日本将被置于极其困窘的境地，若列强表示他们希望中国保持君主政体，将会对革命党人产生预期的影响。①

与英、日公使会晤之后，袁世凯了解到了两国的态度，随即通过英国《泰晤士报》及上海本地的报纸放出消息：英国等列强不希望中国建立一个共和国。日本驻中国公使伊集院已经告知他，日本在任何情况下都不会承认在中国成立一个共和国；此外，中国驻日公使汪大燮也给他发电报说，如果中国决定采用共和政体，日本准备派遣两师军队前往武昌。②袁放出的这一消息对日本公使来说无疑是一种支持，告诉国际舆论界，日本公使已经尽到其责任，清楚转达了日本政府的政策立场。但是，在公开场合，日本使馆却害怕引起中国人民的反对而不敢承认这一事实，日本使馆的一名官员在接受唐绍仪询问时，就否认了这一消息的真实性。英国外交部则马上指示朱尔典，称"袁世凯说那句话是没有任何根据的"，"是极不真实的"，要求朱尔典为此向袁世凯提出抗议。③袁虽然被"抗议"，但是，却摸到了列强特别是英国和日本的"底牌"，知道他们暂时还不会以武力公开干涉中国实行共和，这就为袁世凯最终赞成共和提供了可能。

---

① 章开沅等主编：《辛亥革命史资料新编》第八卷，第174页。
② 《泰晤士报》1911年12月25日。
③ 章开沅等主编：《辛亥革命史资料新编》第八卷，第146—147页。

第五章　创立民国

武昌起义后，各省相继宣布脱离清廷独立。然而历史并没有按照人们所预期的那样发展，组建新的共和国经历了一个曲折的过程。由于清廷重新启用袁世凯，列强也都蠢蠢欲动，革命党人并不能完全靠武力解决问题。南京临时政府成立后清帝尚未退位，清廷依然控制着北方的大部分地区，南北对峙的局面形成。这时候，国民普遍希望一个强有力的人出现，迅速结束这种南北分裂的局面，以奠定共和国的基础。袁世凯成了众望所归的人物，他迫使清帝退位，得到了临时大总统的职位，继而又使尽权数，实现了在北京就职的目的。结果，临时政府北迁，南北实现统一，清王朝彻底覆灭。这一结局是许多革命党人没有想到的，但又对此无可奈何，因为袁世凯不仅手握重兵，而且得到列强的支持。更重要的是，国人也都普遍相信袁世凯能够把中国引上一条富国强兵之路。袁世凯是被当做一个象征甚至一种希望被各种势力普遍接受的。袁世凯的胜利，与其说是旧势力的胜利，不如说是袁世凯所代表的那种建国思潮的胜利。

一、王朝的解体

武昌起义后两个月内，各省相继宣布独立。倘若没有各省响应，武昌的革命政权能否坚持下来，能坚持多久，都是一个问题。清王朝或许还能苟延残喘一段时间，也未可知。然而武昌一呼，四方响应，星星之火，顿成燎原之势，清廷再也控制不了局势，很快就陷于土崩瓦解的境地。

首先起来响应武昌起义的是湖南。湖南之所以成为"首应"之区，是因为两湖地区紧密的革命联系、信息传递的便捷。湖南与湖北相连，两省革命党人一直互通声气。文学社和共进会实际上是两省革命势力的结合。武昌起义前，湖南革命党人焦达峰就曾与湖北革命党人约定，如湖北首先起义，则湖南立即响应，如湖南首先起义，则湖北立即响应。武昌起义后第三天，湖北军政府代表到长沙，要求湖南起义响应，而在此之前，湖南巡抚余诚格已接到警报，加强了戒备。新军在陈作新等人的宣传鼓动下，许多人都具有排满革命的思想。余诚格知道新军受革命思想影响较深，必有所动，于是就决定把新军调离长沙，以分散革命力量，并将原驻各府州县之巡防队兵勇调到省城，听候调遣。革命党人在得到了武昌起义的确切消息后，就以"子弹过少"为由，拒绝调动，并称如果要调动，必须发给三倍的子弹。余诚格拒绝了新军的要求，焦达峰、陈作新就于10月22日发动了起义。起义军会攻抚署，余诚格仓皇逃走，长沙光复。起义军将抚署改为"中华民国军政府湖南都督府"。焦达峰、陈作新被推为正、副都督。紧接着，湖南各地也随即光复。因起义初起时军学各界拟推谘议局议长谭延闿为都督，所有准备的各项文告都署名谭延闿，但起义后所发布的文告，署名焦达峰，于是舆论哗然。没多久就发生兵变，焦达峰、陈作新被杀。焦、陈死后，谭延闿继为都督。

长沙起义军缴获的大炮

谭态度开明，曾积极参加国会请愿运动，对革命也始终抱有同情态度。当时的革命党人无论资历、声望都不能与他抗衡。唯有支持他才能稳定局面。黄兴在给谭人凤的信中说，为了统筹全局，湖南不能再乱，如果再乱，湖北也将支持不住，其他各省响应，恐生观望。既然谭延闿已被推为都督，就应权且维持他的威信，共同安定湖南。[①] 革命党从大局着眼只得拥戴谭延闿，避免

---

① 周震鳞：《谭延闿统治湖南始末》，《辛亥革命回忆录》（二），中华书局1962年版，第152—153页。

了使湖南局势进一步动荡。谭出任都督后，采取了一些措施安定地方，局势渐趋稳定，这对湖北是一个有力的支持，它解除了武昌的后顾之忧，带动了其他各省的独立。

陕西也是最早响应武昌起义的省份之一。由于清廷素来轻视西北各省，常委任一些贪鄙庸劣的地方官吏，导致民怨沸腾。同盟会会员张凤翙、钱鼎等早在新军活动，革命力量在新军中迅速壮大。武昌起义的消息传到陕西后，西安将军文瑞决定将新军陆续调离西安，另招巡防，以保省城。10 月 22 日，革命党人发动起义，很快占领了除满城外的西安城。第二天猛攻满城，城破，文瑞投井而死，西安光复。之后，革命军成立"陕西军政府"，以张凤翙、钱鼎为正、副都督。不久，关中等地州县相继光复。

陕西独立后，山西巡抚陆钟琦加紧防范，当时驻太原的新军有第八十五标，驻扎城外，标统为黄国梁；第八十六标驻扎城内，标统为阎锡山。阎系同盟会会员，黄虽非同盟会员，但同情革命。陆钟琦担心新军起义，命令第八十五标开往蒲州，第八十六标开往代州，以分散太原革命力量，各营以没有弹药为由，拒绝出发，陆钟琦被迫答应发给弹药。10 月 29 日起义发动，起义军迅速占领了巡抚衙门，并打死巡抚，太原光复。当天，山西军政府宣告成立，阎锡山当选为都督。太原起义后，清廷派第六镇统制吴禄贞接任山西巡抚。吴禄贞素怀革命之志，此时与阎锡山等秘密会谈，决定成立燕晋联军，派山西民军两个营开赴石家庄，截断京汉路。吴的举动深为清廷忌恨，遂派人收买吴的卫兵，于 11 月 7 日将吴刺杀于石家庄车站。清廷任命张锡銮为山西巡抚，并派重兵进攻山西。阎锡山被迫退出太原，撤往晋北。革命军与清军在大同、运城一带展开争夺，战事一直持续到南北议和达成协议之时。待清帝退位之后，阎锡山才重返太原，出任山西都督。山西的响应对整个大局至关重要。孙中山指出："使非山西起义，断绝南北交通，天下事未可知也。"①

东南各省是中国的经济、政治重心，它们能否起而响应，事关全局。上海一直是革命力量的中心。武昌起义的消息传到上海后，中部同盟会领导人宋教仁、居正、谭人凤等立即投入援助武昌的各项活动。上海起义的任务则由陈其美和李燮和来执行。10 月 24 日，陈其美等商讨上海行动方案，"决议以联络商团，沟通士绅为上海起义工作之重心"。上海商团是上海资产阶级政

---

① 孙中山：《在太原各界欢迎会的演说》，《孙中山全集》第二卷，第 470 页。

吴禄贞像

治性武装团体，其首领李平书倾向革命。商团也就成了上海起义的主要武装力量。11月3日，起义发动。起义军很快占领闸北地区和上海县城，但在进攻江南制造总局时遇到了清军拼死抵抗。陈其美亲率敢死队攻打制造局，失利被俘。第二天，李燮和率起义军再次攻击制造局，经过激战终于拿下，并救出陈其美。至此上海宣告光复。7日，组建沪军都督府，以陈其美为都督。上海起义的消息传到杭州后，11月4日革命党人率新军发动了起义。由王金发、蒋介石、张伯歧领导的，从上海来的敢死队也投入了战斗。起义军迅速占领抚署。杭州起义成功后，随即组建浙江军政府，各方推举谘议局议长汤寿潜担任都督。时汤在上海，杭州方面乃派人赴沪迎汤。7日，杭州各界召开代表大会，正式推举汤寿潜为浙江军政府都督。

陈其美像

江苏的独立也至关重要。清代两江总督驻南京，江苏巡抚驻苏州。江苏巡抚程德全素以"开明"著称，与立宪派领袖张謇等人过从甚密，上海光复后，江苏失去了东部屏障，形势岌岌可危，程德全于11月5日宣布反正并成立江苏都督府，他也由巡抚一变而为都督。南京的光复则要曲折得多。由于南京地理位置重要，清政府一直派有重兵把守。武昌起义后，两江总督张人骏、江宁将军铁良和北洋军张勋率所部负隅顽抗。11月7日晚，城内的革命党人发动起义，进攻都署，被张勋所部击败。城外的第九镇闻讯后迅速向南京城开进，并猛攻雨花台，但几次进攻均未得手，革命军伤亡较大，只好撤往镇江。上海方面得知攻打南京失利的消息后，联络各方组建江浙联军，推徐绍桢为总司令，从11月24日至12月1日，组织3万兵力会攻南京。经过激战，清军全线溃退，张人骏、铁良逃走，张勋率部逃往徐州，在城内的残余清兵全部投降，南京光复。各军共推程德全为江苏都督，统一指挥江苏军政大事，江苏局势稳定下来，从此，武汉下游的长江流域全部为革命军所掌握，大大加强了革命力量。

除了上述几省外，江西、安徽、福建、贵州、四川、广西、广东等省也都实现光复。在响应起义的各省中，也有一些省份由于种种原因未能成功，如直隶、山东、河南、东三省、甘肃、新疆等地，这些省份直到 1912 年清帝逊位，方随之"易帜"。

在宣布独立的各省中，各自独立的方式并不一致，但大部分是由革命党人发动起义，夺取政权，并建立新政权来实现的。如陕西、江西、山西、云南、上海、浙江、福建等省，基本上都是由革命党人发动起义，革命成功后也由革命党人控制政权。有些省份的独立并不是由革命党人来实现的，而是由立宪派与旧官僚带头实现的，或者是由革命党人发动起义，但起义后建立的政权为立宪派与旧官僚所把持，如湖南、贵州、江苏、广西、广东、四川等省，都是如此。综观各省的独立运动，革命党人固然是独立运动的主力军、发起者、策动者，但新军与立宪派乃至一些旧官僚也都起了举足轻重的作用。没有革命党人的策动，新军不会起义，但若没有新军的起义，革命决不会成功。若立宪派不卷入革命，清王朝也不会很快就土崩瓦解，因为谘议局为各省的民意机构，议员一般为社会上有声望之人，他们转向革命，其影响于民众心理者可想而知。但立宪派毕竟是立宪派，与革命党人在政治理想上差异较大，他们可以携手革命，但绝不可能共图建设，因此两派的合作注定会是短暂的，当局势稳定之后，两派又必然走向分裂。

二、共和基础的奠定

随着武昌起义的成功和各省相继宣布独立，建立统一的全国性的新政府也就提上了议事日程。然而，由于胜利的到来多少有点意外和突然，革命党人在组建新政府方面的准备便显得不足。新的中央政府首都定在何处？未来国家的政体是采用总统制还是内阁制？第一任总统是谁？这些问题革命党人事先都没有达成统一的方案，因此只能是边议边定了。

关于建都的地点，当时武昌、上海、南京三地都在争取。1911 年 11 月10 日，黎元洪通电已独立的各省都督，请派代表赴鄂，组织临时中央政府，

各省代表齐集上海

"以政府成立，照会各国领事，转各公使，请各本国承认，庶国基可以粗定"。12日，江苏都督府代表和浙江都督府代表在未获黎电的情况下，也通电各省，请各省派遣代表赴上海，会商组织临时政府，并请各省公认伍廷芳、温宗尧为临时政府外交代表，开始组建统一政府的活动。由于武昌和上海都发出了邀请通电，就出现了会议地点定在何处的问题。黎元洪以武昌为首义之区相号召，上海则以交通便利为由，坚持在上海召开。两者之争，实质是权力之争。真正的问题是，哪儿将成为革命的中心？哪儿将成为未来的首都？15日，江苏、浙江、福建、上海等地代表齐集上海，召开了第一次会议，并将该会定名为"各省都督府代表联合会"。由于武昌方面的反对，20日，在上海的各省代表作出决定，先由到沪各省代表分电黎元洪、黄兴，承认武昌为民国中央军政府，以鄂军都督执行政务，并请以中央军政府名义委任伍廷芳、温宗尧为民国外交总、副长。23日，武昌方面派居正到上海与各代表商讨，决定一同赴鄂，又规定各省留一人在上海，以联络声气。30日，各省代表齐集汉口。其时汉阳已失守，清军不断从汉阳炮击武昌，代表们只能在汉口英租界举行会议。鉴于武昌情形紧急，有人主张建都上海。此议遭到章太炎强烈反对。他于12月1日发表宣言，称："近见某报以武昌危急，欲于上海设临时政府，鄙人决不赞成。无论云、贵诸省，去此甚远，不能辐辏；且上海政府之说一成，则援鄂之心自懈。武昌不守，江左其能安乎？托庇荫于外人商场之下，又无一人足以任首领者，正如附赘县疣，安能为国人瞻仰耶？今日仍宜认武昌为临时政府，虽认金陵且不可，况上海边隅之地。"① 但随着南京光复，黄兴力主建都南京。此议很快得到上海和武昌方面的赞同。从 12 月 8 日起，随着各省代表陆续东下，南京确定了其作为临时政府所在地的地位。

12 月 12 日，各省代表在南京召开了第一次代表大会，讨论政府首脑人选问题。当时提到的候选人有四个：黎元洪、黄兴、袁世凯和孙中山。由于此前 11 月 20 日各省代表在上海决定，承认武昌为民国中央军政府，以鄂军都督执行中央军政府的政务，这实际上也就承认了黎元洪在中央军政府中的首脑地位。但是，12 月 4 日，留沪各省代表又决定南京为临时政府所在地，并选举黄兴为大元帅，黎元洪为副元帅，以大元帅负责筹组中央政府。因为上海方面认为，黎元洪是武昌起义的革命党人所拥戴出来的，不是真正的革命党领袖，而孙中山还在海外未回，因此只有黄兴是国内唯一的领袖，但黄兴力辞大元帅职，并推黎元洪为大元帅，他说他愿领兵北伐，直捣黄龙，至于组织政府，则非他所能担任。于是各省代表于 17 日又改举黎元洪为大元帅、黄兴为副元帅，同时议决黎大元帅暂驻武昌，由副元帅代行大元帅职权，组织临时政府。21 日，黎元洪电告各省代表会议，接受大元帅名义，并委任副元帅黄兴代行其职务。

在最初讨论政府首脑人选时，黎、黄之外，还有袁世凯。袁手握重兵，这对民军方面是个极大的威胁，更重要的是，他获得列强的支持。武昌起义后，列强不断制造舆论，宣称非袁不可以收拾局势。南北议和开始后，列强又公开宣称，总统一职，非袁莫属，倘若"任命像孙中山或黎元洪这样的领袖为民国的总统，决不能指望会得到列强的早日承认。孙中山对中国的情况一无所知，而黎元洪则在省外毫无地位。"② 袁世凯得到列强的支持，也就摆出一副"总统宝座，舍我其谁"的架势，一步一步地朝总统的位置走去。

革命党也曾考虑过由袁世凯出任未来共和国总统。11 月 9 日，当武汉方面战事吃紧之时，黄兴即致函袁世凯，称"明公之才能，高出兴等万万，以拿破仑、华盛顿之资格，出而建拿破仑、华盛顿之事功，直捣黄龙，灭此虏而朝食，非但湘鄂人民戴明公为拿破仑、华盛顿，即南北各省当亦无有不拱手听命者。"12 月 9 日，黄兴又就袁世凯职位问题致电汪精卫，说"项城雄

---

① 汤志钧编：《章太炎政论选集》下册，中华书局 1977 年版，第 528 页。
② 〔澳〕骆惠敏编：《清末民初政情内幕》上册，知识出版社 1986 年版，第 818 页。

才英略，素负全国重望，能顾全大局，与民军为一致之行动，迅速推倒满清政府，令全国大势早定，外人早日承认，此全国人人所仰望。中华民国大统领一位，断推举项城无疑。……惟项城举事宜速，且须令中国为完全民国，不得令孤儿寡妇尚拥虚位。"① 而在此前两天，各省代表在汉口作出决定，如袁世凯反正，就推他为大总统。显然，革命党方面对推举袁为大总统是有条件的，这就是袁必须赞成共和，而举袁的目的，是为了早日统一，并获得外人的承认。为此，12 月 15 日各省代表议决，缓举临时大总统。实际上是在等待袁世凯的行动。由于黄兴力辞不就，黎元洪又不孚众望，而袁世凯又还在与民军作战，总统人选问题一时陷入僵局，正在这时，孙中山回到了上海，临时政府的筹建出现了转机。

孙中山是 10 月 12 日从当地的报纸上得知武昌起义成功消息的，其时他正在美国科罗拉多州的丹佛市。他的反应是，"此时吾当尽力于革命事业者，不在疆场之上，而在樽俎之间，所得效力为更大也。故决意先从外交方面致力，俟此问题解决而后回国。"② 孙中山希望通过他的活动说服各国支持中国革命，同时为革命成功后筹建政府募集足够的资金。他分析当时的形势，认为美、法两国会同情中国革命，德、俄两国则反对中国革命，日本是民间同情，而政府反对，英国是民间同情政府未定，因此关键是英国。于是他首先去了英国，11 月 11 日，孙中山抵达伦敦，与英国政府接洽，希望他们对中国革命提供支持。他向英国政府提出了三点要求，一、停止向清廷借款；二、制止日本援助清廷；三、取消英属各处的对他的放逐令，使他能取道回国。三事都得到英国政府的许诺。他又向四国银行团提出借款 100 万英镑。对此，列强则采取金融中立政策，既不贷款给清政府，也不贷款给革命党。于是孙中山取道法国，11 月 21 日抵达巴黎。在法期间，他会见了若干政界、财界人士，曾向法国东方汇理银行总裁西蒙（S. Simon）请求贷款，西蒙回答说，"不行，至少目前无法立刻照办，四国银行团对此态度完全一致。银行团和他们政府决定就财政观点方面严格采取中立，在目前情况下既不发行贷款，也不预付款额。"不过，"一旦民军建立一个为全国所接受，为列强所承认之正规政府时，他们对于在财政上之帮助革命党，将不表反对。"③

孙中山在英、法两国那里没有取得预期的成功。他于 11 月 24 日启程回

① 毛注青编著：《黄兴年谱长编》，中华书局 1991 年版，第 221、245 页。
② 《孙中山全集》第六卷，中华书局 2006 年版，第 244 页。
③ 《孙中山全集》第一卷，中华书局 2006 年版，第 563 页。

国，12月21日抵达香港，滞港期间与广东都督胡汉民等讨论了当时的局势。胡汉民请孙中山暂留广东，整编广东各军，等有了实力，然后举兵北伐，孙中山不同意胡汉民的观点。孙中山认为"今之大患即在无政府，如能创建政府，则满清之政府固必倾覆；即袁世凯亦未必能支，必不足以为患于新政府，不宜预防他人之不服，而一意谋以武力争天下为也。"[①] 当晚，孙中山就乘船离开香港北上，25日抵达上海，受到各界热烈欢迎。当时盛传孙中山带有巨款回国，中外各报馆也以此相问，孙中山回答说，"革命不在金钱，而全在热心。吾此次回国，未带金钱，所带者精神而已。"[②]

黄兴获悉孙中山即将归国以后，改变了赴南京组织临时政府的计划，决定等孙中山回来，由孙中山出面组织政府，并希望同盟会能控制政权。他认为，"孙先生是同盟会的总理，他未回国时我可代表同盟会，现在他已在回国途中，我若不等他到沪，抢先一步到南京就职，将使他感到不快，并使党内同志发生猜疑。"[③] 不过，当时同盟会内部对是否拥孙有不同看法。据胡汉民

上海各界欢迎孙中山归国

① 《孙中山全集》第一卷，中华书局2006年版，第570页。
② 《孙中山全集》第一卷，中华书局2006年版，第573页。
③ 李书城：《辛亥前后黄克强先生的革命活动》，《辛亥革命回忆录》（一），中华书局1961年版，第196页。

说，宋教仁早就有推戴黄兴为大总统，自任内阁总理的意向。章太炎则宣称，若举总统，以功则黄兴，以才则宋教仁，以德则汪精卫。而对黄兴希望由同盟会来控制政权的想法也不以为然。他提出"革命军起，革命党消"的主张，希望以"革命军"划线，打破、消除原革命党、立宪派等之间的界限，反对革命党人的一党专政。可见宋、章二人都没有推孙的意思，也不赞成以同盟会的组织来控制政权。孙中山抵达上海后听到了"革命军起，革命党消"的舆论，深感惊讶。他于 12 月 26 日召开了同盟会本部临时会议。会议经过讨论，发布了《中国同盟会意见书》，全面批驳了章太炎的政治主张。意见书认为，同盟会传播的主义是三民主义，同盟会的责任并非仅仅解决了民族主义就可以结束的，必须完成三大主义，才能说完成了革命的任务。何况，现在敌人还在顽抗，成败未知，同盟会的责任怎么可以结束呢？同盟会要改组为政党，必须是在民国成立、全局大定之后才能进行。

与此同时，孙中山又召集同盟会最高干部会议，讨论政府组织形式及总统人选。会上宋教仁提议政府形式采用内阁制，孙中山极力反对，孙中山说："内阁制乃平时不使元首当政治之冲，故以总理对国会负责，断非此非常时代所宜，吾人不能不对唯一置信推举之人，而复设防制之法度。余亦不肯徇诸人之意见，自居于神圣赘疣，以误革命大计。"[①] 黄兴劝宋教仁取消内阁制主张，宋教仁不从，当天晚上继续讨论。宋仍主内阁制，孙仍力持总统制不让，双方"面红耳赤，几至不欢"。黄兴于是建议由全体各省代表议决。他们赴南京出席各省代表会议，经过讨论，决定组织政府采总统制并推举孙中山参选临时大总统。这样，选举临时大总统的时机已经成熟。

12 月 28 日，各省代表议决选举临时大总统采用无记名投票法。候选人为孙中山、黎元洪和黄兴。29 日，来自 17 省代表投票选举。每省 1 票，结果孙中山得 16 票，黄兴得 1 票，孙当选临时大总统。当天，孙中山分别致电各省代表、各省都督军司令长及黎元洪与袁世凯，表示将就任临时大总统，为民谋福。1912 年元旦，孙中山由沪赴宁，正式就任中华民国临时大总统，就职仪式在当晚 11 时举行，孙在仪式上宣读了誓词，发布了《临时大总统就职宣言书》，阐明了临时政府的内政外交方针。随后孙中山下令定国号为"中华民国"，同时改用阳历，以 1912 年 1 月 1 日，作为中华民国建元的开始。1 月 3 日，各省代表又选举黎元洪为副总统。

---

① 《胡汉民自传》，《近代史资料》总第 45 号。

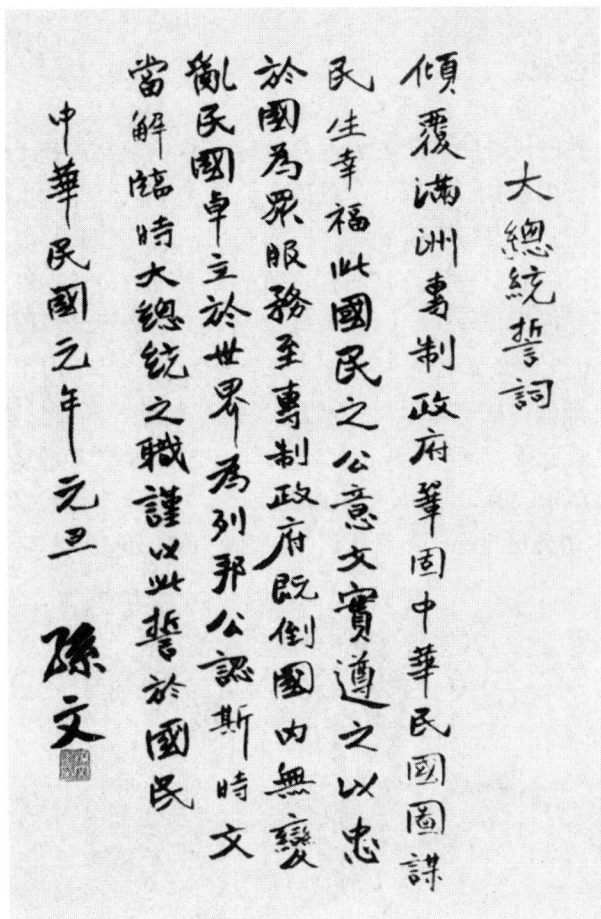

大總統誓詞

傾覆滿洲專制政府，鞏固中華民國，圖謀民生幸福，此國民之公意，文實遵之，以忠於國，為衆服務，至專制政府既倒，國內無變亂，民國卓立於世界，為列邦公認，斯時文當解臨時大總統之職，謹以此誓於國民

中華民國元年元旦　孫文

孙中山手书的大总统誓词

同一天，临时参议院通过了各部总次长名单：陆军总长黄兴，次长蒋作宾；海军总长黄钟瑛，次长汤芗铭；司法总长伍廷芳，次长吕志伊；财政总长陈锦涛，次长王鸿猷；外交总长王宠惠，次长魏宸组；内务总长程德全，次长居正；教育总长蔡元培，次长景耀月；实业总长张謇，次长马君武；交通总长汤寿潜，次长于右任。同时，黄兴兼任参谋总长，成为首席部长。不设内阁总理，总统掌握大权，而各部采取了"部长取名，次长取实"，成为所谓的"次长内阁"，权力完全掌握在同盟会手里。宋教仁没有能够出任部长，仅被任命为法制局长，章太炎则被聘为总统的枢密顾问。至此，中华民国南京临时政府正式组成，中国从此正式进入共和时代。

三、危机

南京临时政府成立时，北方大部分地区仍然控制在清廷手里。同时新政权还面临着三大困境：一是财政上的窘乏；二是军队和党内的危机；三是外交上的困境。新政权要想生存下去，就必须解决这三大问题。

临时政府面临的财政困难是非常严重的。那时战争还在继续，南北尚未统一，军政开支很大。虽然临时政府号称管辖有十数省区，但控制着各省军政大权的都督们对临时政府在财政上根本不予支持。孙中山多次要求各省都督"将应解之部款，从速完缴"，但收效甚微。相反，各都督还以各种名目，向临时中央政府要钱。据胡汉民回忆，"一日，安徽都督孙毓筠以专使来，言需饷奇急，求济于政府，（孙）先生即批给二十万。余奉令到财政部，则言库仅存十洋。"[①] 由此可见临时政府所面临的财政困难已经到何等程度！

当选为临时大总统的孙中山

---

① 《胡汉民自传》，《近代史资料》总第45号。

造成财政困难的主要原因是由于财源短缺。此时的中央政府既不能从列强手中收回关税，又不能实行强行征收的革命政策。而政府的财政收入，又主要依靠关税和盐税。但是关税控制在外人手中。辛亥革命爆发后，在伦敦、巴黎等地的中国债券跌落许多，海关税款也连续减收。这引起了各国的恐慌。列强为了继续有效控制中国海关，不至于因某个通商口岸的光复使该地税权落入革命党手中，就成立了一个由各国银行总董组织的专门委员会，负责保管关税收入。该委员会"决定各洋债内何款应行尽先付还"，并把"关系尤重之各银行，即汇丰、德华、道胜三家，应作为上海存管海关税项之处"。同时"请总税司将上海所积净税项，竭力筹维，于每星期均分，收存汇丰、德华、道胜三行，以作归还该项洋债及赔款之用"①。这样关税收入全部落入外人手中。就连"关余"也被冻结。盐税方面，两淮盐场在临时政府控制的区域内，"两淮课厘、加价、复价等款，岁入近二千万"，但这笔收入也到不了政府手中。时任两淮盐政总理的张謇，对政府动用盐税收入筹措军饷百般阻挠，多次致电孙中山，要求"无论军饷若何紧急，不可于盐价商本内有丝毫挪移"，"所收盐税已经指抵洋债者，……千万不可擅行挪用，以免引起外交困难问题。"② 临时政府成立之初，孙中山本拟请张謇担任财政总长一职，想借助他的财势帮助解决军政开支的困难，张謇不肯担任，后虽勉强担任实业总长，出面向盐商会借款20万元，帮助政府渡过了最初的难关，但随后就与革命党渐渐疏远，最终完全倒向了袁世凯一边。

财政的困乏直接威胁到临时政府的生存。没有钱，就无法组织起强有力的军队，从军事上彻底打垮清廷；没有钱，也无法使政府各部门正常运转。怎么办？只有借。为此，1月30日，财政部奉令发行南京军用钞票100万元，但由于信用不足，发行数日后即出现钱业、米市停业。2月2日，临时政府又发行中华民国军需公债，总额为1亿元，年息8厘，以各省田赋钱粮作保，但定购者寥寥，只售出700余万元。内债难筹，就借外债。临时政府成立后，列强拒不承认，不可能借款予政府。于是只好以路矿权作抵押谋求贷款。1912年1月下旬，临时政府先是以苏浙铁路作抵押，与日本大仓洋行签订了300万日元的借款合同。随后又拟以广东铁路作抵押借款，因各股东的反对而未成。政府又拟以招商局作抵押向日本借款1000万元，以应急需。由于各地

---

① 《帝国主义攫夺中国关税保管权的经过》，《中国海关与辛亥革命》，中华书局1983年版，第349—350页。

② 张謇：《两淮盐统一电》，《张謇存稿》，上海人民出版社1987年版，第538—539页。

股东反对，参议院又向政府提出质询，故此借款也未能成立。

最大的一宗拟议中的借款当属汉冶萍公司借款。汉冶萍公司是当时中国综合铁矿、煤矿、炼钢为一体的大型企业。盛宣怀为公司经理，革命发生后，盛宣怀逃往日本。由于临时政府财政窘乏，孙中山曾派人赴日本找盛宣怀筹款。盛正想取得日本借款向临时政府输诚以保住自己的产业，因此拟以汉冶萍公司产业抵押向日方借款500万日元，但日方以中国内乱为由拒绝。盛宣怀乃依据日方的意思，建议临时政府同意以中日合办汉冶萍公司的方法取得日方贷款，临时政府因急需巨款以接济军费，也就同意了这一方案。这样，经过一番紧张的幕后活动，临时政府在南京与日本三井和正金财团签订了汉冶萍公司中日合办草约。草约规定汉冶萍公司集股3000万元，中日各半，由公司转借临时政府500万元。不过草约规定，"中华民国政府若对外国出让中国矿山、铁路、电力等权利时，应在同等条件下优先让予三井"。消息传出，舆论哗然。章太炎公开致书孙中山，力劝废约。张謇也力言反对。他移书孙中山、黄兴，陈述其反对之理由："汉冶萍之历史，鄙人知之最详，综要言之，凡他商业，皆可与外人合资，惟铁厂则不可。铁厂容或可与他国合资，惟日人则万不可。日人处心积虑以谋我，非一日矣。然断断不能得志，盖全国三岛，无一铁矿，为日本一大憾事。而我则煤铁之富，甲于五洲。鄙人尝持一说，谓我国铁业发达之日，即日本人降伏于我国旗下之日，确有所见，非过论也。……民国政府建立伊始，纵不能有善良政策，为国民所讴歌，亦何至因区区数百万之借款，贻他日无穷之累，为万国所讥笑。"①

孙中山当然知道中日合办汉冶萍公司有损中国主权，但他同意签订合办草约也是有不得已之苦衷。那时"每日到陆军部取饷者数十起"，"前

张謇像

① 《张季子九录·政闻录》卷四，民国丛书第三编·94，上海书店印行，第5页。

敌之士，犹时有哗溃之势"。由于舆论反对甚力，孙中山只好电告盛宣怀，"宜早设法废去此约"，"万不能以已由政府核准为借口"。3 月 22 日，上海开临时股东会，到会者全数反对中日合办，超过公司全股十分之八，合同草约乃宣告无效。

孙中山还曾拟以租借满洲的形式取得日本的援助。2 月 3 日，孙中山与胡汉民会见了充当日本政界、财界联络人的森恪。孙表示，"余等希望将满洲委托给日本，而日本给革命以援助"。他还向森恪说明了自己的处境及最近革命政府财政困难的情况。他说，万一此数日间无足够资金以救燃眉之急，许多军队要离散，革命政府将遭瓦解的命运。作为最后办法，在革命政府最后崩溃以前，在军队离散以前，与袁世凯缔结和议，抑止天下大乱，以后慢慢筹集资金，再图大举。但若能获得足够资金以防止军队溃散，则将在日后实行当初之计划以武力排袁。其后，2 月 5 日、6 日，孙中山致电森恪催促日本方面答复。8 日，益田孝复电森恪，没有允诺提供 1000 万元军费，相反劝孙中山与袁妥协。关于满洲租借问题则要求孙中山赴日本缔结密约。孙中山辞去大总统职务后，有关这方面的交涉也就停止了。这件事情表明，孙中山本无意让位于袁世凯，而孙中山之所以不得不让位于袁世凯，财政困难是很重要的一个原因。

军队和党内的危机也在加重。从表面来看，临时政府控制的兵力人数不少，有军、师、旅、团、营、连、排的编制，但士兵大多是新编入伍的城乡失业人员，没有受过军事训练，从汉口、汉阳战斗情况来看，军队作战能力是不强的。据胡汉民回忆："以南京之军队，纷无纪律，不能举军政时代一切之任务也。军队既不堪战斗，而乏饷且虑哗溃。于是克强益窘，则为书致精卫与余，谓：'和议若不成，自度不能下动员令，惟有割腹以谢天下！'"在这种情况下，愿意遵守孙中山命令的人就不多了，此时革命政党内部已陷入各自为政、分崩离析的状态。吴玉章说："同盟会自广州起义失败以后，即已趋于涣散，而至武昌起义以后，几乎陷于瓦解的状态。章太炎说：'革命军起，革命党消'，这两句话虽是极端错误的，但用来形容当时的情况，倒很合乎事实。"① 轻易得来的胜利，冲昏了许多革命党人的头脑。他们认为只要把清政府推倒，革命就算成功，别的都不在话下。新得的权益，更使不少人心满意足，急于结束这场革命，尽快享受到手的果实。革命党的革命精神废弛了。

---

① 《吴玉章文集》（下），重庆出版社 1987 年版，第 1040 页。

各国水兵设置路障保护汉口租界

外交上的困境日益严重。武昌起义后，列强一直坚持中立政策，而革命军也坚持"文明革命"的方式，极力维护外国人在华的生命财产安全，以避免列强的武力干涉。临时政府成立后第四天，孙中山即以中华民国临时大总统的名义发布《宣告各友邦书》，对外作出四项承诺：（一）"凡革命以前所有满政府与各国缔结之条约，民国均认为有效，至于条约期满为止。"（二）"革命以前，满政府所借之外债及所承认之赔款，民国亦承认偿还之责，不变更其条件。"（三）"凡革命以前，满政府所让与各国国家或各国个人种种之权利，民国政府亦照旧尊重之。"（四）"凡各国人民之生命财产，在共和政府法权所及之域内，民国当一律尊重而保护之。"但各国并未对此马上作出反应，而是等待观望。为了促使各国早日承认，1912年1月11日，临时政府以外交总长王宠惠的名义正式照会各国，请求各国承认。孙中山致电法国政府，希望"两个姊妹共和国能建立友好关系"。① 随后，王宠惠又分别致电美国国务卿和英国外交大臣，盼即承认民国政府。2月，黎元洪派专使访问了日本驻汉口总领事。"希望日本国政府能在此时率先承认中华民国。"② 黄兴则分别

① 《孙中山全集》第二卷，中华书局2006年版，第16页。
② 《日本外交文书选译——关于辛亥革命》，中国社会科学出版社1980年版，第202页。

致函日本元老井上馨和山县有朋，请求他们"鼎力扶助民国，早邀各国之承认"。① 2月8日，孙中山接见美国记者麦考密克说，"我们有政府，但不合法，我们不能继续这样下去，……我们需要的是承认，你们应该承认我们。"②

但是，所有这些努力都失败了。英法未给予任何答复，美国则于2月10日由驻华使馆参赞邓尼正式告诉孙中山，美国决不会承认南京政府的。日本则更不用说了，它是反对中国实行共和政体最力的国家。由于担心中国建立共和制度会刺激日本国内的共和运动，危及天皇的尊严和地位，因此极力反对中国实行共和。日本外务大臣内田康哉说过，"中国行共和政治对日本不利，所以我们反对，必要时，日本将以武力维持中国的君主政体"。③ 但日本的态度受到革命党人强烈反对，"伍廷芳和他的朋友们宣布，日本人的反对将使全体中国人在生死斗争中团结起来；革命将领已奉命在12月31日再次进入战争状态；并致电日本政府和日本公使，他们说战端再起的后果完全由日本承担。这些电文很明显地触动了日本人。"再加上其他列强尤其是英国的反对，日本不得不放弃武力干涉，转而谋求与俄国在满蒙问题上的一致，及在承认新的共和政府上与其他列强采取一致立场。

满蒙是日、俄在华权益的集中之地，因此两国特别"关注"辛亥革命对满蒙的影响，他们声称"若革命及于满洲，日、俄两国将不与列强相商，立即出兵"。虽因各种因素制约，日、俄没有直接出兵，但它们窥伺时机，亟欲破坏，以便乘机攫取更多的权益。俄国野心勃勃："虽然中国今日之内乱，无论各国是否干涉，而俄国已先获有最大之利益矣。库张之铁路，无暇修筑，蒙古之殖民，以及各种之新政，无暇办理，于是俄国乘此好时机，得扩张其势力于蒙古。"④ 它对日本的表示自然心领神会，认为"俄国和日本应特别利用目前的有利时机，以便巩固自己在中国的地位；并消灭最近几年来中国政府所追求的政策。"结果两国商定，将坚持不予承认。俄国外务大臣宣称，"只要日、俄两国政府能显示出强硬态度，对中国共和政府不予承认，其他列强恐亦不会急于承认。至少法国政府将同俄国政府采取同一立场。万一其他强国违反我两国意志而先予以承认，日俄两国亦不必介意。而且，日、俄两国若能坚持中国如不接受我方要求即坚决不承认其共和政府之坚定立场，相

---

① 毛注青编著：《黄兴年谱长编》，中华书局1991年版，第280页。
② 《孙中山全集》第二卷，中华书局2006年版，第16页。
③ 陈锡祺主编：《孙中山年谱长编》上册，中华书局1991年版，第622页。
④ 章开沅等主编：《辛亥革命资料新编》第三卷，湖北人民出版社2006年版，第283页。

信最后中国亦必能接受我方条件，日、俄两国政府如欲维持本国在满洲、蒙古之特殊权利及利益，并有意进一步加以巩固和扩张，则除此时机外将无其他良机可寻。"①

由于列强拒不承认南京临时政府，新政府在外交上陷入了孤立无援的境地。为了确保共和政治的建立，革命党人不得不考虑与袁世凯进行和谈。

四、南北和谈与清帝退位

革命党人需要和谈，袁世凯也同样需要和谈。袁世凯深知，靠武力可以收复地盘，获得军事上的胜利，但却收拾不了人心，解决不了政权的合法性问题。解决政权合法性问题，还要靠南北双方坐下来谈判，找到一种大家都可以接受的妥协方案。

11 月 27 日，清军攻下汉阳后，袁世凯便请英使出面调停。在英方的调停下，黎元洪提出三项停战条款：（一）停战 15 天，在此期间内，目前所占领的土地应各自驻守；（二）已加入革命党的所有省份的代表在上海集会，他们将选出全权代表与袁世凯所指派的代表进行谈判；（三）如有必要，停战继续延长 15 天。12 月 1 日，袁世凯对黎元洪所提停战条款修改为：（一）双方各自驻守现已占领的土地，不得秘密地进行侦察活动；（二）停战期限定为 3 天；（三）在上述期间内，军舰不得利用停战的机会在武昌或汉口南北两岸停泊，从而获得一个更有利的位置，在停战期满以前，军舰必须退往武昌下游若干距离的地方；（四）在停战期间内，任何一方不得增调援军，修建炮台，或在其他方面增加军事力量；（五）为了防止对这些条件的违犯行为，英国总领事应作为证人在停战协定上签字。② 同一天，袁世凯向报界发表谈话。他说："余爱中国之民，较之共和党人主持急进者，有过之无不及"，他之所以要出来主持大局，谋求和谈，并不是"为名誉权利起见"，而是"欲为中国恢复秩序，意在有益于中国，使无波折耳"。因此，他希望"恢复和平，建设一坚固之政府"，他的总方针是"留存本朝皇帝，即为君主立宪政体，从前满汉歧视之处，自当一扫而空之"。③

这一次，袁世凯的和平姿态为革命党方面接受。停战从 12 月 3 日上午 8

---

① 《日本外交文书选译——关于辛亥革命》，中国社会科学出版社 1980 年版，第 403 页。

② 《英国蓝皮书有关辛亥革命资料选译》上册，中华书局 1984 年版，第 103 页。

③ 白蕉：《袁世凯与中华民国》，《近代稗海》第三辑，四川人民出版社 1985 年版，第 15 页。

时至 6 日上午 8 时。但是在 12 月 2 日，革命军攻克南京，袁世凯遂于 12 月 4 日向英使提议，停战届满后延长 15 天，包括武昌和南京，南军（不包括秦晋及北方义军）不北上，北军不南下，双方指派代表讨论大局。随后袁世凯指派唐绍仪为他的议和全权代表，革命军方面指派伍廷芳为议和全权代表。12 月 9 日，唐绍仪乘专车离开北京南下，11 日抵达汉口，但革命派坚持以上海为会谈地点。于是唐绍仪又乘船前往上海，遂有了上海议和之举。

12 月 18 日，南北议和正式开始，到当月底止，会谈一共进行了五次，除讨论双方停战问题外，主要是争论国体问题，也就是在中国实行君主立宪，还是采取民主共和？

袁世凯所派代表唐绍仪在国体问题上的态度是耐人寻味的。袁世凯本人多次公开声称主张君主立宪，反对民主共和，他还对梁鼎芬说过，"决不辜负孤儿寡母"，以至一些原本对袁世凯不信任的王公大臣也认为"袁宫保决不会当曹操"。① 不过，据英国记者莫理循的观察，袁世凯在国体问题上具有很大的灵活性，他身边的许多人都赞成共和，他所委派的议和代表唐绍仪，从一开始就表示自己信奉共和思想，并把建立在袁世凯领导下的共和国作为唯一可能的解决办法，莫理循断言："袁世凯派唐绍仪去上海时完全清楚唐绍仪的意图，……因为唐绍仪同扔炸弹的汪兆铭联系密切，又因为汪兆铭在北京时几乎天天同袁世凯进行联系（有一次汪兆铭来看我，就是同袁世凯谈了三个小时以后来的），你就可以看出袁世凯已经多么深地介入共和运动，又多么容易使我相信袁世凯会同意实行共和并出任第一任总统。"②

但袁世凯决不会轻易宣称赞成共和，因为这是他与南方讨价还价的重要砝码。他指示唐绍仪："我方应坚决主张君主立宪，应以《十九条》为谈判基础。估计革命党方面必加拒绝。但总要坚持到底，直至争论到最后，方能考虑调停办法，借以博取天下之同情。"③

革命军方面，在国体问题上未曾有半点让步。孙中山回到上海后，即公开宣称，"革命之目的不达，无议和之可言也"④。但革命党方面又多次公开表示，只要袁世凯赞成共和，就推他为总统。对革命党来说，推举袁世凯以尽早结束战争，实现南北统一，并争取国际社会的承认，这在当时的情况下

---

① 溥仪：《我的前半生》，群众出版社 1978 年版，第 41 页。
② ［澳］骆惠敏编：《清末民初政情内幕》上册，知识出版社 1986 年版，第 835—836 页。
③ 《日本外交文书选译——关于辛亥革命》，中国社会科学出版社 1980 年版，第 289—290 页。
④ 孙中山：《建国方略》，《孙中山全集》第六卷，中华书局 2006 年版，第 246 页。

议和中的唐绍仪与伍廷芳

不失为一种策略。对袁世凯来说，他心里想着总统的职位，但嘴里又不便说出来。唐绍仪虽然宣称赞同共和，但又煞费苦心地要寻求一种合法依据，于是就出现了下面这样耐人寻味的对话：

唐言：现时民军主张共和立宪，应如何办法？

伍言：民军主张共和立宪，君如有意，愿为同一之行动。

唐言：愿听。……

唐言：共和立宪，我等由北京来者无反对之意向。

伍言：甚善。

唐言：但此为同胞之事，今日若无清廷，即可实行，既有清廷，则我等欲为共和立宪，必须完全无缺之共和立宪，方为妥善。黄兴有电致袁内阁云：若能赞成共和，必可举为总统。此电由汪君转杨度代达袁氏，袁氏谓此事我不能为，应让黄兴为之。是袁氏亦赞成，不过不能出口耳。共和立宪，万众一心，我等汉人，无不赞成。不过宜筹一善法，使和平解决，免致清廷横生阻力。且我共和思想尚早于君，我在美国留学，素受共和思想故也。今所议者，非反对共和宗旨，但求和平达到之办法而已，请示办法。

　　伍言：今日已言及此，则我等最注意者，宜使中国完全无缺，不为外人瓜分。皇室之待遇、旗兵之安置，自有善法。前此汤、程、张各都督，与我已有电致摄政王，只请逊位，其余一切优待。总之，君既赞成共和，则我等所求者息事后之和平办法而已。盖承认共和，则一切办法皆可商量。①

　　双方最后商定的办法，就是召开国民会议，听从国民公决，但在召开国民会议的地点问题上，双方发生分歧，南方坚持在上海召开，北方则主张在北京召开，结果在 12 月 31 日双方只能达成这样的协议："伍代表提议国民会议在上海开会，日期定在十一月二十日（即阳历 1912 年 1 月 8 日），唐代表允电达袁内阁，请其从速电覆。"②

　　然而还没等到 1 月 8 日，和谈出现了危机，当袁世凯得知孙中山于 1 月 1 日在南京正式就任临时大总统时，勃然大怒，他一面以唐绍仪逾权为由，罢免了唐绍仪的议和权，否认唐绍仪与伍廷芳议定的条款，此后所有与革命党方面的交涉事宜一律由他自己处理。一面又迫使清廷出内帑备战，准备重新开战。同时他还致电孙中山称："君主、共和问题现方付之国民公决，所决如何，无从预揣，临时政府之说，未敢与闻。"孙中山复电解释说，"文不忍南北战争，生灵涂炭，故于议和之举，并不反对，虽民主、君主不待再计，而君之苦心，自有人谅之。倘由君之力，不劳战争，达国民之志愿，保民族之调和，清室也得安乐，一举数善，推功让能，自是公论。文承各省推举，誓词具在，区区之心，天日鉴之。若以文为有诱致之意，则误会矣。"与此同时孙中山还致电陈炯明，称："和议无论如何，北伐断不可懈。"7 日他在复黎元洪电中又对北伐用兵方略作了布置，以湘、鄂为第一军，由京汉路前进，宁、皖为第二军，向河南前进。与第一军会合于开封、郑州之间，淮、扬为第三军，烟台为第四军，向山东前进，会于滦州、秦皇岛；合关外之军为第五军，山、陕为第六军，向北面前进，合击北京。孙中山还在参议院表示，"和议一破，本总统当亲督江、皖之师"。③ 南北形势再度紧张。

---

① 伍廷芳：《南北代表会议问答速记录》，《伍廷芳集》上册，中华书局 1993 年版，第 390—391 页。

② 转引自陈锡祺编：《孙中山年谱长编》上册，中华书局 1991 年版，第 611 页。

③ 陈锡祺主编：《孙中山年谱长编》上册，中华书局 1991 年版，第 619、632—633 页。

不过，和谈的道路并没完全堵死，南北双方的秘密磋商仍在继续。唐绍仪也没有退出谈判，只是转入了地下。11月14日，唐绍仪致电伍廷芳，称："前云孙君肯让袁君，有何把握，乞速详示。"孙中山当即复电伍廷芳，请他转告唐绍仪："如清帝实行退位，宣布共和，则临时政府决不食言，文即可正式宣布解职，以功以能，首推袁氏。"①

袁世凯得到孙中山的保证后，加快了逼宫的步伐。1月16日，袁世凯要求宣统皇帝退位，同时以全体国务员的名义密奏太后，内称："海军尽叛，天险已无，何能悉以六镇诸军，防卫京津？虽效周室之播迁，已无相容之地。""东西友邦，有从事调停者，以我只政治改革而已，若等久事争持，则难免无不干涉，而民军亦必因此对于朝廷，感情益恶。读法兰西革命之史，如能早顺舆情，何至路易之子孙，靡有孑遗也。"②

良弼像

隆裕太后完全给吓呆了，她连忙召集御前会议，讨论国体问题。在所有的王公大臣中，只有奕劻和溥伦表示赞成退位，其他人都反对退位，以良弼为首的一些贵族还组织了"宗社党"，反对议和，反对退位。结果，良弼被革命党人彭家珍炸死。这使宗社党成员个个胆战心惊，纷纷逃离北京。也就在这时，又传来了北洋军将领段祺瑞等从前线发来的要求清帝退位的电报，并说如不退位，将带兵入京，至此，清廷已无路可走，只有同意退位了。

就在和议即将达成之际，突然袁世凯在清帝退位以后如何结束南北两个政权对立的问题上节

---

① 陈锡祺主编：《孙中山年谱长编》上册，中华书局1991年版，第629页。
② 溥仪：《我的前半生》，群众出版社1978年版，第40页。

外生枝，他要求在清帝退位后将南京临时政府取消，由他在北方另立政府。孙中山坚持袁世凯不得于民国未举之先，接受清朝统治权以自重。双方僵持不下，和谈几至破裂，为此，孙中山于 1 月 27 日致电各国驻华公使，揭露袁世凯企图独揽大权的阴谋，说："民国之愿让步，为共和，非为袁氏也！"今袁要北京政府和南京政府同时取消，其意不过"保得一人而独揽大权也"。同一天，孙中山还特电宣布袁世凯破坏和议的罪状，并宣称："此次停战之期届满，民国万不允再行展期，若因而再启兵衅，全唯袁世凯是咎，举国军民，均欲灭袁氏而后朝食。"① 袁世凯对此置若罔闻，结果双方再次发生武装冲突。2 月 3 日，袁世凯建议再停战一星期以便谈判。2 月 4 日，孙中山、黄兴电示伍廷芳继续与袁世凯协商清帝退位条件。在这一次争论中，列强再次为袁世凯撑了腰，结果是不了了之，问题并没有真正解决，这给后来留下了许多隐患。

现在只剩下最后一个问题，这就是如何处置退位后的清室问题。最初清廷提出要保存大清皇帝称号，并且世世相承，仍居皇宫等。孙中山、黄兴对此极为不满，为此，黄兴于 1 月 18 日致电伍廷芳说，"议和愈出愈奇，殊为可笑！第一条仍保持大清皇帝之名称及'世世相称'字样，可谓无耻之极。第二条'仍居宫禁'是与未退位无异。"② 同一天，孙中山也电示伍廷芳对清室的优待条件提出修正，"一、名号定为宣统皇帝，删去'世世相承'四字。二、退居颐和园。三、经费由国会定之。"经过双方反复磋商，最后于 2 月 9 日通过了一个《关于大清皇帝辞位后之优待条件》，规定：一，大清皇帝辞位之后，尊号仍存不废，中华民国以待各外国君主之礼相待；二，大清皇帝辞位之后，岁用 400 万两，俟改铸新币后，改为 400 万圆，此款由中华民国拨用；三，大清皇帝辞位之后，暂居宫禁，日后移居颐和园，侍卫人等照常留用；四，大清皇帝辞位之后，其宗庙陵寝，永远奉祀，由中华民国酌设卫兵，妥慎保护；五，德宗崇陵未完工程，如制妥修，其奉安典礼，仍如旧制，所有实用经费，均由中华民国支出；六，以前宫内所用各项执事人员，可照常留用，惟以后不得再招阉人；七，大清皇帝辞位之后，其原有之私产，由中华民国特别保护；八，原有之禁卫军，归中华民国陆军部编制，额数俸饷，仍如其旧。"

---

① 白蕉：《袁世凯与中华民国》，《近代稗海》第三辑，四川人民出版社 1988 年版，第 23、24 页。

② 毛注青编著：《黄兴年谱长编》，中华书局 1991 年版，第 262 页。

末代皇帝溥仪

清廷接受了这一优待条件，并于1912年2月12日颁发了皇帝退位诏书，内称"全国人民心理多倾向共和，南中各省既倡议于前，北方诸将亦主张于后，人心所向，天命可知。予亦何忍因一姓之尊荣，拂兆民之好恶。是用外观大势，内审舆情，特率皇帝将统治权公诸全国，定为共和立宪国体，近慰海内厌乱望治之心，远协古圣天下为公之义。袁世凯前经资政院选举为总理大臣。当兹新旧代谢之际，宜有南北统一之方，即由袁世凯以全权组织临时共和政府，与民军协商统一办法。总期人民安堵，海宇乂安，仍合满、汉、蒙、回、藏五族完全领土为一大中华民国。"①

---

① 第二历史档案馆编：《中华民国史档案资料汇编》第二辑，江苏人民出版社1981年版，第72页。

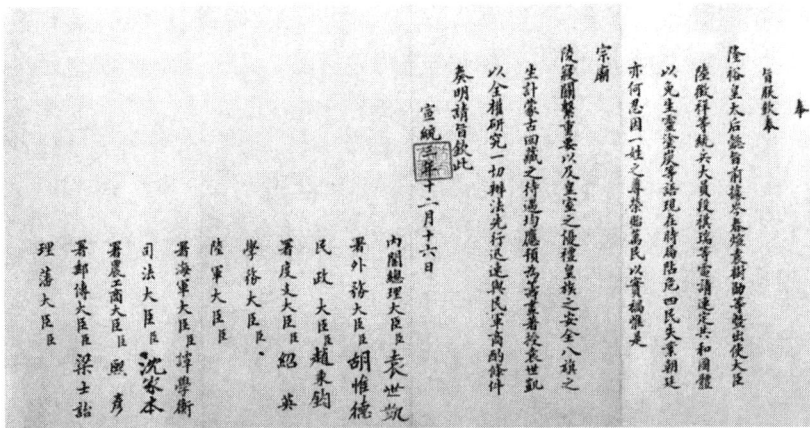

清帝退位诏书

这道退位诏书为清朝 260 多年的历史画上了永久的句号，也为革命党人、立宪派和旧官僚等围绕着国家权力的分配问题所进行的斗争暂时画上了的句号，但是，革命和变革过程中所存在的深层的矛盾和问题，如国家的主权和统一、人民的民主权利等，并未得到根本性的解决，在不久的将来，它们就会借着任何一个事件，重新浮出，引发新的矛盾和冲突。

五、临时政府北迁

清帝宣布退位后，袁世凯立即将退位诏书全文电达孙中山、伍廷芳、黎元洪及各部总长、参议院，同时又以"全权组织中华民国临时政府首领袁"的名义，将清帝退位条件及退位诏旨，照会各国驻华公使。第二天，他致电南京临时政府，宣布赞成共和。

孙中山在得悉清帝退位诏书及袁世凯赞成共和的电报后，立即向参议院提出辞呈，同时他又向参议院推荐袁世凯继任临时大总统。2 月 15 日，参议院举行了临时大总统选举会，17 省议员，每省一票，袁世凯以全票当选，至是袁世凯的初步目的已经达到。不料却又发生了建都问题的争议。孙中山在辞呈中强调要把临时政府设在南京，希望借此牵制袁世凯，但 24 日参议院投表决的时候，28 票中有 20 票主北京，5 票主南京，2 票主武昌，1 票主天津，与孙中山的本意相反。孙中山接到参议院的议决案，异常气愤，立即招黄兴等人商议，并依法向参议院提请复议。15 日，参议院再次投票表决，结果 27

票中，19 票主南京，6 票主北京，2 票主武昌。参议院最后决定定都南京。

袁世凯是不愿南下就职的。他的势力在北方，离开了北京，也就等于没有了依靠，所以他一面表示自己愿意南行，一面又说"舍北而南，则实有无穷窒碍"。并要挟说，"今日之计，唯有由南京政府将北方各省及各军队妥筹接收以后，世凯立即退归田里，为共和之国民"①。为此，2 月 18 日，孙中山电袁世凯，告知已派定教育总长蔡元培为欢迎专使，偕同唐绍仪前往北京，欢迎袁世凯南下就职。

迎袁使团抵京

蔡元培一行于 2 月 22 日自沪起程北上，26 日抵达北京。当天，袁世凯会见了蔡元培等人，并表示一俟北方各处情形稍定，即南下就职，蔡元培对此深信不疑。不料，29 日晚，驻北京的第三镇曹锟所部哗变，焚烧了东安门外及前门外一带，商民被害者千余家，专使团招待所也遭乱兵袭击，所有文件被劫掠一空，蔡元培等逃至一美国人家中躲了起来，宋教仁则在一日本人家里躲了一夜。第二天，天津、保定驻军也相继而起。兵变的原因，据说是因裁饷及剪发两事，实则为袁世凯蓄意指使。但当时蔡元培乃至孙中山都未识破这一点。

---

① 白蕉：《袁世凯与中华民国》，《近代稗海》第三辑，四川人民出版社 1985 年版，第 26 页。

京、津、保兵变后，北方各地商
会、谘议局、团体、报馆通电反对袁
世凯南下，段祺瑞等北方军人也发出
通电，强硬要求临时政府设于北京，
北京的外交使团也担心庚子拳民的事
变重演，决定派兵进京，南方各省也
又出现了迁就袁世凯的舆论。在这种
情况下，蔡元培致电孙中山，建议改
变临时政府地点。孙中山在得知北京
兵变后的第一个反应，就是派兵北上
平乱。南京临时政府甚至做好了军队
北上的准备。但3月4日，袁世凯致
电孙中山，称北方局势已定。6日，
蔡元培也电告孙中山，称京津各处渐
趋平静，"目下只宜准备，不必呕呕出

就任临时大总统的袁世凯

发"，并告以"外交团不以运兵为然"。孙中山只好再次让步，同意了袁世凯
在北京就职的要求。3月10日，袁世凯如愿以偿地在北京宣誓就任临时大总
统，发誓要"发扬共和之精神，涤荡专制之瑕秽，谨守宪法，依国民之愿望，
蕲达国家于安全强固之域"。

袁世凯既在北京就职，孙中山就只寄希望于用法律来约束袁世凯了。3月
11日，孙中山在南京颁布了《中华民国临时约法》，该约法在宪法颁布之前，
具有与宪法同等的效力。这个后来在中国近现代史上发生了极大影响的"民
元约法"，内容共有七章五十条。按照约法规定，中华民国由中华人民组织
之；中华民国之主权属于全体国民；中华民国人民一律平等，无种族、阶级、
宗教之区别；中华民国人民得享有人身、居住、财产、言论、出版、集会、
结社、通信、信仰等自由；人民有请愿、诉讼、考试、选举及被选举权利；
人民有纳税，服兵役等义务。关于政府的组织形式，约法规定，中华民国以
参议院、临时大总统、国务员、法院行使其统治权，参议院行使立法权，待
国会成立后参议院解散，其职权由国会行使；临时大总统、副总统由参议院
选举，临时大总统代表全国，接受外国使节等，国务总理及各部部长均称为
国务员，国务员辅佐临时大总统，负其责任。

《临时约法》和此前颁布的临时政府组织法大纲有很大的区别，即不是采取

总统制，而是采取内阁制。这显然是为了防止袁世凯专权而作的改变。既然是采用内阁制，那么内阁总理人选就显得非常重要了。孙中山、黄兴坚持必须由同盟会员出任内阁总理，而袁世凯则提议由唐绍仪担任总理。双方一度争持不下，最后赵凤昌提议，唐绍仪出任总理，同时加入同盟会。这一方案为各方接受，结果参议院通过了唐绍仪任内阁总理一案，唐随后也由孙中山主盟加入了同盟会。3月29日，参议院又通过了内阁各部人选，结果陆征祥长外交、赵秉钧长内务、段祺瑞长陆军、刘冠雄长海军、王宠惠长司法、蔡元培长教育、熊希龄长财政、宋教仁长农林、陈其美长工商，交通由唐绍仪兼任。

1912年4月1日，这是一个具有象征意味的日子，孙中山与旧内阁成员赴参议院举行正式解职典礼。孙中山在解职词中称其任职的三个月均为"中华民国草创之时代"，并说他解职以后将以中华民国国民的身份，"与四万万人协力造成中华民国之巩固基础"。四天以后，参议院议决临时政府迁往北京。孙中山的解职与临时政府北迁，标志着南京临时政府的结束。也意味着在这场南北较量中，南方革命党人的失败。

袁世凯何以能取代孙中山？是袁世凯手中握有强大的武装力量吗？是，也不是，因为武昌起义后，革命军的力量也很强大，袁世凯并没有在军事上取胜的绝对把握。是因为袁世凯手中有钱吗？是，也不是，因为当时临时政府遭受财政危机时，袁世凯也面临着同样的问题。是因为帝国主义支持了袁世凯吗？是，也不是，因为帝国主义虽然大造"非袁不可"的舆论，但基本上还是保持"中立"的。即是说，武力与财政上的优势以及帝国主义的支持都是造成袁世凯取胜的原因，但又都不是决定性的因素。那么，导致袁胜孙败的关键性因素在哪里呢？从孙中山一方面说，是由于革命党内部的分化，从袁世凯一方面说，是由于袁世凯迎合了当时国内思想界大部分人的期望。

革命党内部的分歧从它诞生的那一天起就存在，武昌起义爆发后则更加激烈。章太炎、刘揆一公开倡言"革命军起，革命党消"，要求取消同盟会。南京临时政府成立后，章太炎正式脱离同盟会，而与立宪派、旧官僚联合，在上海组织中华民国联合会，并在总统人选、建都地点等问题上与孙中山唱反调。宋教仁虽然没有脱离同盟会，但也曾打算"选择同盟会中稳健分子，集为政党，变名更署，与同盟会分离"。[①] 他在革命进行的方略上与孙中山有

---

① 章太炎：《致张继、于右任书》，见汤志钧编《章太炎政论选集》下册，中华书局1977年版，第587页。

北京天安门城楼上"庆祝中华民国成立"的标语

所不同。他所欣赏的是葡萄牙式的革命，即革命之时宜速而短，革命之地宜于中央，革命之力宜借用政府军队。[1] 当革命成功之后，孙、宋之间的裂痕更深了，他以革命党中稳健派的人物出现，劝孙中山迁就袁世凯。参加武昌首义的同盟会员孙武，则因在南京临时政府中得不到要职，与一批不得志的革命党人刘成禺等，组织民社，推黎元洪为首领，处处与同盟会对抗。可以说，南京临时政府时期，只有黄兴还能处处维护孙中山的权威，其他的人或多或少都有些离异倾向。就连孙中山指派的与北方谈判议和的代表伍廷芳和温宗尧也对孙中山颇有微词。据莫理循说，温宗尧说过，如果他有一支手枪，他就亲手杀死孙中山。[2] 革命党内部之涣散，由此可见一斑。

反观袁世凯。袁自晚清改革以来，就以开明务实著称，他所推崇的，是德国式的富国强兵之路，这与孙中山所追求的美、法式的道路大异其趣。但袁世凯所主张的德国式的改革方案极容易博得旧官僚、立宪派及一些声称稳健的革命党人的同情，因此他不但能获得北方各省的支持，而且也能获得南方一些省份的好感。事实上，当袁世凯宣布赞成共和后，人们不是把他当做

---

① 宋教仁：《葡国改革之大成功》，《宋教仁集》上册，中华书局1981年版，第327页。

② ［澳］骆惠敏编：《清末民初政情内幕》上册，知识出版社1986年版，第841页。

一个总统来接受，而是把他当做一种象征乃至一种希望来接受。可以说，袁世凯的胜利，是德国派治国思想在中国的胜利。

不过，袁世凯并没有像人们所希望的那样，把中国引向一条现代化的共和之路，而是走了一条相反的路。

第六章　再造共和

民国建立后，整个社会呈现出一派新的气象，同时各派政治势力也开始重新分化组合，大体形成了三种势力，即国民党、进步党和旧官僚派。虽然它们之间在政治态度和活动方式上大有差异，但大都对袁世凯抱有幻想，对民国前途表示乐观。然而袁世凯自执政之日起便开始集权，他先是向内阁制挑战，致使内阁总理半年之内三易其人；接着又派人暗杀宋教仁，强行通过善后大借款，迫使国民党人不得不起来进行"二次革命"。"二次革命"后，国民党的势力基本上被摧毁，进步党人则仍然幻想把袁世凯引上宪政的轨道，希望袁世凯实行开明专制。不料袁世凯"专制"成而"开明"无望，却又"帝制"继起，共和遭到毁灭性打击。国民党、进步党乃联合起来，发动护国战争，迫使袁世凯取消帝制，民国得以恢复。不过，共和的招牌虽然再次挂起，共和的制度却始终没有真正建立起来。经此波折，人们终于认识到，政制的变革有赖于思想的变革，要在中国真正建立起共和制度，还必须实现思想的启蒙。有了这种认识，思想界开始出现一些新动向。

一、从臣民到国民

革命往往意味着摧毁旧的权威。皇帝都可以废掉，还有什么不可以改变的呢？革命使得许多在昔日王朝统治下根本不可能的社会变革成为可能。这样，自从南京临时政府成立后，改革社会习俗就成了人们注目的重要焦点。唐绍仪、蔡元培、宋教仁、汪精卫等发起组织社会改良会，以期以人道主义和科学知识训练国民，使之养成共和国民的资格。该会曾公开发表宣言，内称："自吾人企画共和政体以来，外人之觇吾国者，动曰程度不及。今共和政体定矣。吾人之程度果及与否，立将昭揭于世界。人之多言，于吾无加损也，而吾人不可以不自省。盖所谓共和国民之程度，固不必有一定之级数，而共和思想之要素，则不可以不具。尚公德，尊人权，贵贱平等，而无所谓骄谄，意志自由，而无所谓侥幸，不以法律所不及而自恣，不以势力所能达而妄行，是皆共和思想之要素，侥而人人所当自勉者也。我国素以道德为教义，故风俗之厚，轶于殊域，而数千年君权之影响，迄今未沫，其与共和思想抵触者颇多，同人以此建设兹会，以人道主义去君权之专制，以科学知识去神权之迷信，条举若干事，互相策励，期以保持共和国民之人格，而力求进步，以渐达于大道为公之盛，则斯会其嚆矢矣。"①

崇尚公德、尊重人权、贵贱平等、意志自由，这些都是共和思想的基本要素，社会改良会就是要把这些思想普及到每一个国民头脑中去。但由于中国受几千年君主专制的影响，要一下子把旧思想、旧观念从人们的头脑中清除出去，绝非易事，甚至可以说，政权的变更相对较易，而社会风俗的转变更难。但是在民国成立后的第一年间，连续颁布了一系列改革旧习俗的法令法规。内容涉及社会生活的方方面面，其中主要的有以下几个方面。

第一，限期剪辫。"编发之制"是清朝统治的一个象征，辛亥革命后，革命党人视"辫子"为奴性的表现，多次限令剪除，孙中山还为此专门发布"剪辫令"，令文说："满虏窃国，易于〔吾〕冠裳，强行编发之制，悉从腥膻之俗。当其初，高士仁人或不屈被执，从容就义；或遁入缁流，以终余年。痛矣，先民惨罹荼毒，读史至此，辄用伤怀！嗣是而后，习焉安之，腾笑五洲，恬不为怪。矧兹缕缕，易萃霉菌，足兹疾疠之媒，殊为伤生之具。今者满廷已覆，民国成功，凡我同胞允宜涤旧染之污，作新国之民，兹查通都大邑剪辫者已多，至偏乡僻壤留辫者尚复不少。仰内务部通行各省都督，转谕所属地方一体知悉。凡未去辫者，于令到之日，限二十日，一律剪除净尽，有不遵者，（以）违法论。"② 不过剪发遇到的阻力非常大，这一方面是因为人们头脑中还保留有传统观念，另一方面是因为有些人担心，"万一大清复辟，视无辫为革命党，必有杀身之祸"。③ 在这种情况下，孙中山关于剪辫的命令不得不一再限期，直到他辞去大总统职务，社会上的辫子仍未全部剪除。

第二，改良风俗。其中改变称谓和废除跪拜礼就极具象征意义。有的旧称谓看似小事，却反映出人们的等级观念，与民主共和、人人平等的宗旨背道而驰。为此孙中山下令革除前清官厅称呼。令文说，"官厅为治事机关，职员乃人民之公仆，本非特殊之阶级，何取非分之名称。查前清官厅，视官等之高下，有大人、老爷等名称，受之者增惭，施之者失体，义无取焉。光复

---

① 《宋教仁集》下册，中华书局1981年版，第377页。
② 《孙中山全集》第二卷，中华书局2006年版，第177—178页。
③ 陈逸芹：《故乡兴化见闻》，《辛亥革命回忆录》（八），中华书局1964年版，第206页。

以后，闻中央地方各官厅，漫不别察，仍沿旧称，殊为共和政治之玷。嗣后各官厅人员相称，咸以官职，民间普通称呼则曰先生、曰君，不得再沿前清官厅恶称。"① 跪拜之礼与皇权观念、忠孝观念相连，却与平等的观念不相容。因此孙中山在各省代表会议上即提议废除跪拜礼，规定普通相见为一鞠躬，最高规格为三鞠躬。这一提议得到全体代表赞成。② 孙中山在担任临时大总统期间，身体力行。据说有一次一位八十余岁的长者专程从扬州到南京瞻仰大总统风采。当长者见到孙中山时，立即掷杖跪地，行见君主的三跪九叩之礼。孙中山急忙把长者扶起，并告诉他，总统在职一天，就是国民的公仆，是为全国人民服务的。长者问，"总统若是离职后呢？"孙回答说："总统离职以后，又回到人民的队伍里去，和老百姓一样。"随后，孙中山派车将长者送回住处，长者高兴地说："今天我总算见到民主了。"③

第三，保障人权。南京临时政府成立后，孙中山依据人权平等的原则，通令疍户、惰民、乞丐、家奴、优娼、隶座等所谓"贱民"，"对于国家社会之一切权利，公权若选举、参政等，私权若居住、言论、出版、集会、信教之自由等，均许一体享有，毋稍歧异，以重人权，而彰公理。"④ 此外，政府还颁布了禁止刑讯、禁止买卖人口、禁止贩卖"猪仔"及保护华侨等法令，以保障民权。这些举措看似琐碎，却处处渗透着民主共和与人权平等的精神，而这种精神又随着法令的推行逐渐渗透到民间，使民主共和的观念逐渐深入人心，整个社会也就呈现出一种新的气象。

当然，共和国民的养成，绝非一朝一夕可以达到，也绝非通过社会风俗的改良得以实现。不过，民国初年的这一系列变化，让人感到一切都是那么美好。虽然一切都处在草创阶段，但人们对新生的共和制度充满了信心，对共和国的未来，怀着无限美好的幻想。丁文江曾说过这样一段话："这个国家里每一个认真思考的人，当然认识到我们目前所处的极为严重的财政窘境，但是他们有一个普遍的希望，那就是现在我们有了一个真正的带头人，我们总会渡过难关的。我们懂得，维新的工作同以前相比并不重要，也不是困难少了，但是随着一旦彻底弄清楚了源头，我们所做的努力将成为无法估量的

---

① 《孙中山全集》第二卷，中华书局 2006 年版，第 155 页。
② 袁希洛：《我在辛亥革命时的一些经历和见闻》，《辛亥革命回忆录》（六），中华书局 1963 年版，第 288 页。
③ 郭汉章：《南京临时大总统府三月见闻录》，《辛亥革命回忆录》（六），第 294 页。
④ 《孙中山全集》第二卷，中华书局 2006 年版，第 244 页。

现实。同时很少会有走错方向或
浪费精力的机会。"[1] 这里，丁文
江一方面表明自己对未来充满信
心，另一方面又把所有的希望寄
托在"带头人"身上，而不是寄
托在共和制度的完善与实施方
面。这种观念本质上与共和国民
的观念是相悖的。丁文江是一位
科学家，受到西方文化的洗礼，
也亲身体验过西方的共和制度，
他的认识尚且如此，普通人的认
识可想而知。可以说，当共和到
来的时候，普通人尚不知道"共
和"为何物，只是天真地怀着一
种共和赐福的想法。而这种心
态，很容易使共和走上迷途，形
成一种"名为共和，实则专制"
的伪共和局面。

孙中山手书"共和"二字

二、各派政治力量的分化

共和国民的养成有赖于共和制度的建设。然而，当共和到来的时候，那
些曾经并肩战斗的政治力量却开始了重新的分化组合。人们追求着两党政治
的共和形式，却没有把握住真正的共和精神。

让我们先来看一看革命党人的情况。当革命初起时，革命党人都集结到
"反满"的旗帜之下，现在清王朝灭亡了，民族革命的目的已经达到，许多人
认为革命已经成功，今后所要致力的是建设。孙中山和黄兴都有类似的想法。
孙中山虽然对袁世凯怀有戒心，但总的说来他对共和理想的实现仍然充满信
心，对袁世凯也基本上是信任的，所以当他辞去临时大总统职务以后，就决
心以在野身份从事实业建设。他认为满清退位，中华民国成立后，民族、民

---

[1] 〔澳〕骆惠敏编，刘桂梁等译：《清末民政情内幕》上，知识出版社1986年版，第940页。

权两主义已经达到，只有民生主义尚未着手，今后所要致力的即在此事。他希望在 10 年之内，筑 20 万里铁路。8 月底，孙中山应袁世凯之邀北上。八九月间，孙、袁在北京多次会谈。他们谈得最多的，就是孙中山的实业计划和民生政策。随后袁世凯正式授予孙中山筹划全国铁路全权，组织铁路总公司，以利进行。

孙中山的实业计划和乐观态度都是基于对袁世凯的信任上的。他多次在公开场合表示自己支持袁世凯。在北京期间，他宣布自己决不受第二次总统之职，并戒饬同盟会员不应顽固守旧，对政府仍持攻击态度。① 在接受著名记者黄远庸的采访时，孙中山回答了黄远庸提出的关于袁世凯的三个问题：

问： 究竟先生对于袁总统之批评如何？

答： 他是狠〔很〕有肩膀的，狠〔很〕喜欢办事的，民国现在狠〔很〕难得这么一个人。

问： 他的新知识新思想，恐怕不够么？

答： 他是狠〔很〕清楚的，像他向来没有到过外国的人，能够这么清楚，总算难得的。

问： 他有野心没有？

答： 那是没有的。他不承认共和则已，既已承认共和，若是一朝反悔，就将失信于天下，外国人也有不能答应的。除非他的兵不仅能够打胜全国，并且能抵抗外国，才能办到。这是怎么能够的事情。况且现在已经号令不行于地方，他若改变宗旨，于他有甚么利益呢？②

黄兴的态度与孙中山接近。临时政府北迁之后，黄兴出任南京留守。但黄兴任职一个多月后，就电请袁世凯撤销南京留守一职。与孙中山一样，黄兴也主张对政府取稳健态度，与袁世凯提携，以消除南北猜疑，共图建设，这是他辞职的根本原因。从黄兴的本意讲，他希望通过此举，消除外间对他的猜疑，表明他对袁世凯的支持，其心地之光明磊落，自不待言。但此举毕

---

① 黄远庸：《记者眼中之孙中山》（其三），《远生遗著》上册卷二，商务印书馆 1984 年影印版，第 121—122 页。

② 黄远庸：《记者眼中之孙中山》（其四），《远生遗著》上册卷二，商务印书馆 1984 年影印版，第 130 页。

竟对革命党人不利，却有利于袁世凯的集权。对袁世凯来说，黄兴请辞正是求之不得的事，所以他表面上挽留一番之后，即嘉奖允许。6月1日，袁世凯发布命令，所有南京留守机关取消。黄兴辞职之后，也决心从事实业。9月份，黄兴也应袁世凯之邀北上，与袁世凯会谈。袁世凯以接待孙中山的礼仪规格接待了黄兴。黄兴就蒙藏问题、外交问题等向袁世凯贡献了自己的想法，同时也向袁世凯表示自己将致力于实业建设。与孙中山不同的是，黄兴决定从农林、矿业入手。

　　与孙、黄的选择不同，同盟会的宋教仁希望通过组织政党来参与政权，实现自己的政治理想。而其入手之法，就是将同盟会改组为公开的政党，以组织责任内阁，限制袁世凯的权力。这样，1912年1月22日，同盟会在南京召开会员大会，讨论同盟会何去何从的问题。讨论的焦点集中在以下五个问题上：（1）革命是否已经完成？（2）同盟会是否应该继续保持秘密状态，进行革命活动？（3）同盟会是否应该吸收立宪派人士的参加？（4）同盟会是否仍应以三民主义、尤其是民生主义为纲领？（5）同盟会是否应继续以孙中山为领袖？会上出现了两种不同的意见。宋教仁等人认为，武装革命已经结束，同盟会应该成为公开的政党，从事宪法、国会之运动；胡汉民等人认为，革命的目的并未达到，特别是让权给袁世凯后，前途尤多危险，因此，同盟会宜保存并推广从前的秘密工作，不宜倾重合法的政治竞争而公开一切。[①]经过辩论，结果宋教仁等人的意见占了上风，同盟会改组已成定局。这样，到3月3日，同盟会再次在南京召开本部全体大会，正式宣布同盟会改组为公开的政党，举孙中山为总理，黄兴、黎元洪为协理。8月25日，同盟会又与统一共和党、国民公党、国民共进会、共和实进会合并，正式成立国民党。改组后的国民党以"保持政治统一、发展地方自治、厉行种族同化、采用民生政策、维持国际和平"为宗旨。显然，以宋教仁为代表的革命党人在民国建立后希望走一条政党政治的共和之路。这样，民国建立以后，原来的革命党内部就因政见的不同而出现分裂。

　　共和建立后原立宪党人的心态也有一些变化。他们基本上都持拥护袁世凯的立场，但同样希望中国从此走上一条宪政共和的道路。在袁世凯当选为临时大总统后，梁启超即致书袁世凯，为袁世凯献计献策。民国元年四月，梁启超写成《中国立国大方针》，明确表示了他拥护共和的态度，并系统提出

---

①　《胡汉民自传》，《近代史资料》总第45期。

宋教仁像

了建设共和的构想。梁启超指出，中国既已建立共和，就应当顺应时势，致力于把中国建设成为世界级的强国。美国是世界上最大的共和国，但中国不能模仿美国，因为中美两国的国情不同。第一，美国建国，以清教徒为中坚，素有自治传统，中国则久处专制之下，素无自治习惯；第二，美国十三州独立以前，与其母国英国政府之关系十分浅薄，中国则正好与美国相反，数千年来以一政府维持一国；第三，美国建国时，人数仅三百余万，中国则合五大族四万万人为一国；第四，美国地处新大陆，建国伊始，无人与争，中国当建国之初，即已成为列强角逐的目标。所以中国绝不能效仿美国，取放任主义，而应该实行保育政策，建立强有力政府，同时组建政党内阁。[①] 对于中国实行共和的前途，梁启超同样充满了乐观，他认为中国的共和试验将成为世界的模范。[②]

①　梁启超：《中国立国大方针》，《饮冰室合集·文集之二十八》，第76页。
②　梁启超：《宪法之三大精神》，《饮冰室合集·文集之二十九》，第94页。

　　1912 年 9 月底，梁启超自日本神户启程归国。在回国后的演说中，多次强调立宪党人对于国体主张承认现在之事实，对于政体则求贯彻将来之理想，也即是拥护共和国体，实行立宪政体。立宪政体的实行有赖政党，为此，梁启超回国后也开始了组建政党的活动。1913 年 2 月，梁启超正式加入共和党，在此之前的 1912 年 10 月 27 日，共和促进会、国民协会、共和统一会、民国新政社、共和建设讨论会五团体合组民主党，以汤化龙为总干事，奉梁启超为领袖，其纲领与共和、统一两党相似。自梁启超归国并正式加入共和党之后，他便极力运动三党合并，以对抗在国会中势力占优的国民党，结果 1913 年 5 月 29 日，三党正式合并，组成进步党。举黎元洪为理事长，梁启超、张謇、汤化龙等为理事。其党义为：（1）取国家主义，建设强善政府；（2）尊人民公意，拥护法赋自由；（3）应世界大势，增进平和实利。进步党的成立标志着民国初年各派政治势力的重新分化组合大体完成，结果形成了国民、进步两党对峙的形势。

　　进步党号称稳健，其实质就是采取与现政府合作的态度，而这一态度的理论依据，就是所谓"国权主义"。国权主义是 19 世纪中后期在欧洲兴起的一种新的国家主义理论形态，其最大特点就是信任政府，强调干涉。在民国初年，对国权与民权的不同主张，直接反映了一个人的政治倾向，进步党以国权党自居，国民党以民权党自诩。国权主义的流行，正好迎合了袁世凯集权的需要。袁世凯也就在"力谋国权统一"的旗号下，一步步地剪除异己，走向专制。

三、动荡不安的政局

　　袁世凯在北京宣誓就任大总统的第二天，孙中山在南京颁布了《中华民国临时约法》。这个对后来政局发生很大影响的"民元约法"，和前此颁布的临时政府组织法大纲的最大区别，便是政府的组织形式，由原来的美国式总统制，改成了法国式的内阁制，这显然是为了防止袁世凯专权而作的一种改变。然而在第一任内阁产生后不到半年的时间，内阁总理即三易其人，由唐绍仪而陆征祥而赵秉钧，导致政局动荡不安，险象环生。内阁总理之争，表面上是用人之争，实质上是总统制与内阁制之争，也即是一种权力之争。袁世凯不甘于做一个傀儡总统，他需要的是实权，因此他必须打破内阁对他的限制，否则就无法集权于一身。这样，袁世凯与内阁总理的冲突势不可免。

虽然临时约法规定政府取责任内阁制，但当时的人们普遍希望革命之后有一个强有力的政府出现，因而内心较多地同情总统制，所以当袁世凯蔑视责任内阁制时，舆论普遍倾向于支持袁世凯，这导致袁世凯在集权的路上越走越远。

尽管民国初年内阁一再遭到挫折，同盟会并没有放弃单独组阁的努力，特别是宋教仁，自从他辞去了农林总长一职后，即倾全力于国会的选举运动，以期实现其政党内阁的主张。按照《临时约法》的规定，约法实施后十个月内，由临时大总统召集国会，推荐总统；国会组织法及议员选举法，由参议院制定。1912 年 8 月 10 日，袁世凯正式颁布了《中华民国国会组织法》与《参议院议员选举法》，此后各政党为了在国会选举中获胜展开了竞选活动。为此同盟会改组为国民党，宋教仁希望国民党停止一切运动，来专注于选举活动，以便在国会里获半数以上的议席，进而组成一党的责任内阁。为了达到选举获胜的目的，宋教仁决定离京南下，开展竞选活动。他先到长沙，然后转道武汉、南京、上海，所到之处发表演说，宣传政见，同时抨击袁世凯政府。他的政见，简单说来，就是主张责任内阁制。2 月初，选举揭晓，结果国民党在议员选举中大获全胜，总计在参众两院中共获 392 席，而共和、统一、民主三党加起来才获 223 席。这意味着，只要国民党议员不选袁世凯为总统，袁就不可能登上正式总统的宝座。显然，宋教仁已成为袁世凯实行集权统治的一个障碍，袁世凯欲更进一步专权，必须搬掉宋教仁。

不幸的事终于发生了。1913 年 3 月 20 日晚 10 点半，宋教仁在黄兴、廖仲凯等人陪同下，乘马车抵达上海沪宁车站，准备乘车返回北京。10 时 45 分，突然有人自身后向宋教仁连发三枪，其中一枪击中宋教仁，子弹由后腰上部斜掠肾脏，穿过大腹，直入下腹皮肤而止。凶手当场逃逸。宋教仁立即被送往附近的医院，22 日凌晨 4 时 47 分逝世。宋教仁初入医院时，神智极为清醒。他自知将不起，授意黄兴代拟致袁世凯电，请袁世凯"开诚心，布公道，竭力保障民权，俾国家得确定不拔之宪法"。①

宋教仁至死都不知道袁世凯就是暗杀他的真凶，袁世凯则在宋案发生后表演了一出贼喊捉贼的闹剧。他责令江苏都督程德全缉拿凶手。23 日，英巡捕将重大嫌犯、时任江苏巡查长的应夔丞捕获。第二天又在应家中捕获凶手武士英，并搜出五响手枪一支及应与内务部秘书洪述祖、总理赵秉钧的往来

---

① 朱宗震、杨光辉编：《民初政争与二次革命》上编，上海人民出版社 1983 年版，第 233 页。

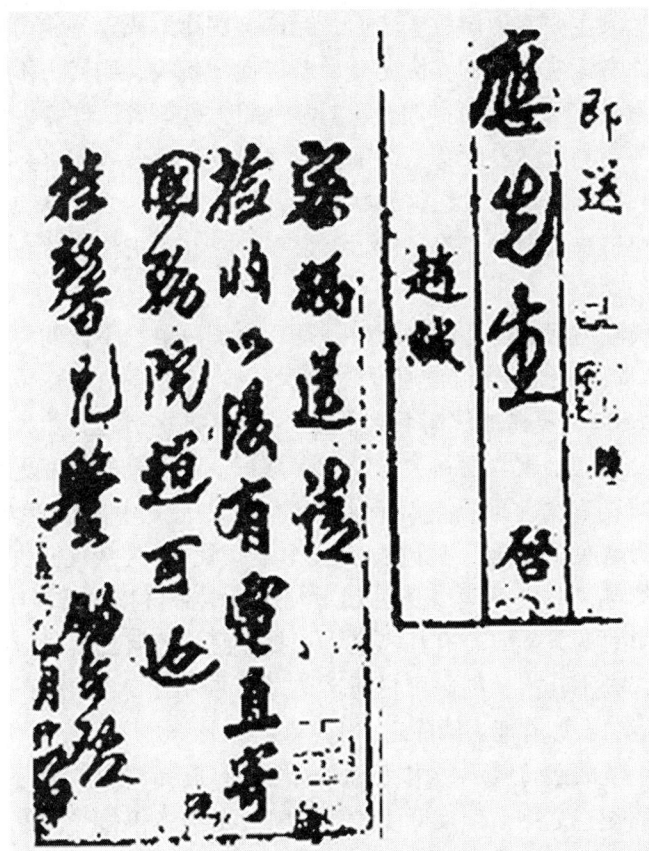

"宋案"证据

密电三本及信函多件。公共租界组织法庭对应、武进行了预审。因证据确凿，乃将案犯连同证据一同移交中国法庭审理。4月24日，就在上海地方检察厅准备开庭审理的前一天，武士英突然在狱中暴病身亡。25日，在黄兴、陈其美的敦促下，江苏都督程德全、民政长应德闳通电公布了宋案主要证据44件。证据表明，案情涉及总理赵秉钧及临时大总统袁世凯，至此，案情真相大白，原来刺杀宋教仁的幕后主使人就是袁世凯，而赵秉钧也是这一阴谋的策划者，洪述祖是中间的联络者，应夔丞不过是执行暗杀的工具，武士英又是应夔丞的鹰犬罢了。国民党人终于认清了袁世凯的真实面目，决心倒袁。

当宋教仁遇刺时，孙中山正在日本。3月25日，孙中山返抵上海，当晚即赴黄兴寓所与黄兴、陈其美、居正、戴季陶等会商应付宋案办法，结果意见不一。以黄兴为代表的一部分国民党人主张法律解决，以孙中山为代表的一部分国民党人主张武力解决。然而，无论是法律解决还是武力解决，国民党人都面临许多无法解决的实际困难，若以武力解决，则武力不足恃，革命党人的军事力量，主要集中在苏、皖、赣、湘、粤等省，自黄兴辞去南京留守一职后，革命党人已经没有一个军事指挥中枢，而各省拥有兵权的革命党人又对使用武力缺乏信心，在这种状况下，即使武力讨袁，也绝无取胜的希望。若以法律解决，则法律不足恃，因为袁世凯并未把法律放在眼里，法律解决也陷于幻灭。

就在国民党内部还在为法律解决还是武力解决争论不休的时候，袁世凯却于 4 月 26 日在未经国会讨论通过的情形下，与英、德、法、俄、日五国银行团签订了 2500 万英镑的"善后大借款"。此事再次引起轩然大波。国民党人纷纷通电反对大借款。在强大的经费支持下，袁世凯的态度更趋强硬。他声称现在绝非调和南北问题，而是地方不服从中央，中央如何统一的问题。他威胁要武力解决国民党，并让梁士诒等转告国民党，"我现已决心，孙、黄等无非意在捣乱，我决不能以受四万万人财产生命付托之重而听人捣乱者，彼等皆谓我争总统，其实若有相当之人，我亦愿让，但自信政治经验军事阅历外交信用，颇不让人，则国民付托之重，我亦未敢妄自推诿，彼等若有能力另组政府者，我即有能力毁除之。"①

面对袁世凯的武力威胁，国民党人依然没有放弃调和的努力，依然沉浸在法律解决的幻想之中。但实际上，袁世凯已不准备再接受调停，当他一切布置妥当，便决定与国民党公开决裂。当时国民党仅有三个都督：广东胡汉民，江西李烈钧及安徽柏文蔚。1913 年 6 月 9 日、14 日和 30 日，李烈钧、胡汉民和柏文蔚先后被免职。三都督被免，坚定了孙中山武力倒袁的决心。孙中山于是命令李烈钧回江西发动反袁起义。7 月 12 日，李烈钧在湖口成立讨袁军总司令部，宣布江西独立，号召国民起来诛杀"国贼袁世凯"，"巩固共和政体"，二次革命爆发。黄兴见事已至此，只有起兵反袁。7 月 15 日，黄兴就任江苏讨袁军总司令职，并以江苏都督程德全的名义宣布江苏独立。随后，安徽、上海、广东、湖南、福建、四川也纷纷宣布独立和武力讨袁。但是，在袁世凯强大的军事压力下，各省又纷纷取消独立。二次革命失败，孙、黄亡命日本。此次革命，非但未能达到去袁的目的，相反却使袁世凯的地位更加巩固，革命的力量几乎丧失殆尽。

---

① 黄远庸：《最近之大势》，《远生遗著》下册卷三，商务印书馆 1984 年影印版，第 123 页。

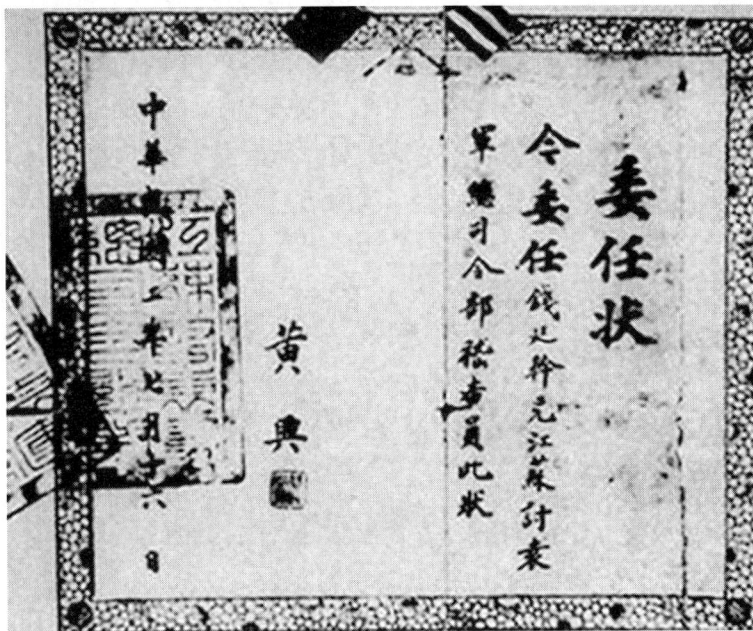

黄兴颁发的委任状

是什么原因导致了二次革命的失败？孙中山在事后多次谈到这一问题，并把失败的责任归于黄兴。孙中山之外，亲与二次革命的陈其美、柏文蔚也都认为黄兴应对二次革命的失败负主要责任。平心而论，黄兴力主法律解决，或许错失了武力讨袁的最佳时机，但即使按孙中山的计划，宋案之后立即起兵讨袁，国民党也绝无取胜的希望。因为从当时的形势看，武力反袁的举动既得不到国内人民的理解，也得不到外国的同情，国民党处于十分孤立的境地。以国内情形而言，在经历了1911年反清革命的动荡之后，1913年的中国人民对和平、稳定、秩序的渴望超过了一切。在袁世凯的真面目没有充分暴露之前，人民绝不会轻易加入反袁阵营。在普通人的心目中，袁世凯代表的是中华民国，是民主共和。因而当二次革命发生后，非国民党的报纸大都把国民党人指为"暴徒"，目为"乱党"。在反清革命的时候，立宪派成了革命党人的盟友。但在二次革命时，旧的立宪派人士却成了袁世凯的帮凶。再看看外人的态度。列强一直是支持袁世凯的，他们同样把国民党人的讨袁活动看做是一场"暴乱"。1913年7月29日，伦敦《泰晤士报》的一篇社论说："这是疑忌和贪婪的政客制造出来的暴乱。"同年8月6日《纽约时报》的一篇社论也认为，"当前的所谓反抗，与其说是人民对北京政府不满的起义，不如说是失意政客、干禄之徒要自行上台的一种努力。……内战不可能持续很久，其结果，袁世凯作为中国的统治者，地位将更加强固，这是世人应当引以为幸的事。"① 正是基于这种认识，当孙中山试图谋求日本的支持时，日本方面明确告诉他，如果他要反袁，就会失去日、英的同情。在上海还发生驻华公使团阻挠上海独立和驱逐孙中山、黄兴等人出租界的事件。更重要的是，列强给袁世凯的大借款，保证了袁世凯有充足的财力应付当时的危机。失去了内外的支持，二次革命注定要失败。可以说，这是一次"不合时宜"的革命。它的悲剧性的意义在于：它为共和而战，却促成了专制。

二次革命后，袁世凯的威信达到了顶点，然而人们所期待的一个安定、良善的政治秩序并没有随之出现，相反，袁世凯却趁着扑灭二次革命的余威，在省制与宪法问题上大做文章，继续集权，致使政局一直动荡不安。

省制问题本质上是一个中央与地方的关系问题，也即是中央与地方的权限划分问题。民国初年，由于破坏方终，建设未始，省制至为纷乱，各省自为风气。那时各党派在省制问题上争论最激烈的问题之一是省长简任或民选，及省长是否有解散议会之权。1912 年 7 月，参议院经过三读，通过了由法制局制定的省官制案。即仿照普鲁士的做法，将地方政权分为自治机关和官治机关两种。省长执行官治，由中央简派；议会执行自治，由各省选任。省长既不得解散议会，议会也不得弹劾省长。此案的本意，是在废省存道，因此遭到宁、赣、川各省都督反对。为此，袁世凯召集前清时期曾任督抚的沈秉堃、孙宝琦、李盛铎、齐耀琳等在总统府开会，研讨地方官制问题。总统府秘书长梁士诒、法制局参事金荣昌也出席了会议。结果大家一致同意采用"虚三级制"。这一制度的唯一宗旨，"在废省存道县为二级制度，省既暂不可废，则姑存省总监而废去省议会，省有官治而无自治，故名为虚三级制。"② 此制成了后来熊希龄内阁废省计划的先声。梁启超在《政府大政方针宣言书》中介绍熊内阁在省制问题上的主张时说，之前地方官制存在两个问题，一是军政民政，权限杂糅；二是行政区域太大，政难下逮。为此拟仿汉宋之制，改定地方行政为两级，以道为第一级，以县为第二级，中央则设巡按使按察诸道。③

---

① 转引自薛君度著：《黄兴与中国革命》，湖南人民出版社 1980 年版，第 156 页。
② 黄远庸：《虚三级省制案之轮廓》，《远生遗著》下册卷三，商务印书馆 1984 年版，第 10 页。
③ 梁启超：《饮冰室合集》（四）文集之二十九，中华书局影印，第 120 页。

熊希龄、梁启超本意是想
彻底改革中国的地方制度，并
将北洋军阀的势力渐渐引入宪
政的轨道，但袁世凯也自有他
的轨道。他要集权，必须得到
各部属的支持，废省计划触犯
了地方实力派的利益，若果然
推行，恐难服众，所以袁世凯
不但不支持废省计划，反以省
长官的地位为诱饵，收买人
心，既可以镇压各方的反抗，
维持一己的地位，又可以赢得
部属的欢心。不久，熊内阁垮
台，废省计划也未能实现。但
袁世凯对各省都督掌握一省军
政大权的局面感到不安，一心
想裁撤都督。1913 年 1 月，
袁世凯下令各省一律设置民政
长，由中央任命，实行军、民

熊希龄像

分治。此令公布后，江苏、江西、福建、湖北、山西、四川等省均设置了民
政长，其余各省均以都督兼任民政长，另置民政辅助人员，其名称数额各不
相同，有设布政使及提法使的，有设民政、度支、提学使的。那些都督不兼
民政长的省份，民政长实亦听从都督支配，军民分治徒有其名。二次革命后，
袁世凯认为裁都督的条件已经成熟，乃于1914年6月30日下令裁撤各省都督
而设立将军诸名号。同时，袁世凯还公布了《省官制》，下令各省的民政长一
律改为巡按使，巡按使为全省最高行政长官，由大总统任命，各省的行政公
署则改为巡按使公署。公署内设政务厅，辅佐巡按使掌理全省事务。

与省制问题并行的另一重要问题就是宪法问题。共和国家不可无宪法。
南京临时政府成立后，孙中山曾颁布《中华民国临时约法》，该约法具有临时
宪法的效力。按照《临时约法》的规定，约法施行 10 个月后由临时大总统召
集国会，中华民国宪法由国会制定，据此第一届国会于1913 年 4 月 8 日正式
成立。之后，宪法问题成了众人瞩目的焦点。当时争论的主要问题是：是先

选总统后定宪法还是先定宪法后选总统？宪法该由谁来制定？宪法该由谁来公布？宪法应规定总统制还是内阁制？围绕这些问题，袁世凯与国民党、宪法起草委员会展开了斗争，结果，由宪法起草委员会起草的宪法草案流产，代之而起的是一个袁记"约法"。

袁世凯干宪的第一步，就是先取得正式总统的职务。在国会成立之初，大多数议员都主张先定宪法后选总统，就是进步党领袖梁启超也是主张先定宪法后举总统。因为总统的地位和权力都根据宪法而产生，只有依宪法选举总统，才能使民国走上法制的轨道。因此国会于6月底，议决先定宪法，再举总统，并由参众两院各选出30人，组成宪法起草委员会，立即赶制宪法。但是袁世凯以不选举正式总统，列强不予承认为由，要求先选总统再定宪法。为达此目的，他策动黎元洪联合直隶、山东、河南、黑龙江、陕西、甘肃、浙江、四川、贵州、云南、广西、福建、新疆等省都督致电国会，要求速选总统。在这种情形下，进步党随即改变主张，附和袁世凯。二次革命后，正式总统的职位已经非袁莫属，国民党中原来坚持先定宪法的议员也为大势所屈，不能坚持原意。这样，国会乃于9月5日通过了选举总统案，并由国会中的宪法起草委员会草拟总统选举法，交由国会通过，再由国会以宪法会议的名义，将总统选举法公布。依总统选举法，1913年10月6日，由参众两院组织的总统选举会正式举行投票，选举总统。那一天，袁世凯预先收买好的"公民团"数千人，于议员入场后，将议院重重包围，声称若不选举公民所属望的总统，选举人不能出议场一步。选举人不得不俯首听命，忍饿终日，进行选举。是日共投票三次，前两次袁得票虽多，但不满法定人数，直到第三次袁才当选，"公民团"才高呼"大总统万岁"的口号而散。10月10日，袁世凯正式就任大总统职，他在就职宣言中发誓要拥护共和。他说："余故以最诚挚亲爱之意，申告于国民曰：余一日在职，必一日负责！顾中华民国者，四万万人之中华民国也。"① 但实际上，中华民国在袁世凯的心目中，不过是他个人的私产而已。

取得了正式总统的职务后，袁世凯下一步就是要争取宪法公布权。当时，宪法起草委员会在天坛起草宪法。袁世凯唯恐宪法于己不利，乃决定从根本上推翻宪法草案，而要推翻宪法草案，非破坏宪法会议不可，欲破坏宪法会议，又非破坏国会不可。而要破坏国会，只有取消国民党籍的议员资格，致

---

① 白蕉：《袁世凯与中华民国》，《近代稗海》第三辑，四川人民出版社1985年版，第57页。

使国会不能正常召开。于是，袁世凯于 10 月 25 日通电各省军民长官，宣称行政权为少数议员所操纵，形成"国会专制"的局面。显然，问题的焦点还是总统制与内阁制的问题。袁世凯不满内阁权力过大，他的目的是要在宪法中规定总统制。此电发后，各省都督、民政长纷纷致电，发表他们对宪法的意见。奇怪的是，他们大多对宪法的具体内容避而不谈，却专门指责国民党，要求撤销宪法草案。袁世凯得到他们的支持，乃借口"二次革命"，于 11 月 4 日下令解散国民党，并撤销国民党的国会议员资格，追缴议员证书，被追缴者共 438 人。于是参、众两院因不足法定人数不能开会。1914 年 1 月 10 日袁世凯又借口国会职权事实上业已停止，下令停止所有国会议员职务，国会因之无形瓦解，而《天坛宪法草案》也因此成了历史上的一个名词。

当国会因不足法定人数陷于瘫痪之后，袁世凯于 11 月 26 日下令组织政治会议。政治会议由中央和各省所派代表组成，其中各省代表 2 人，蒙藏事务局酌派数人，总理举派 2 人，各部总长举派 1 人，法官 2 人，大总统代表 8 人，后又增加 2 人，总计 80 人，以李经羲为议长。政治会议一经成立，袁世凯就向该会议咨询修改民国元年的《临时约法》。政治会议本系袁世凯的御用

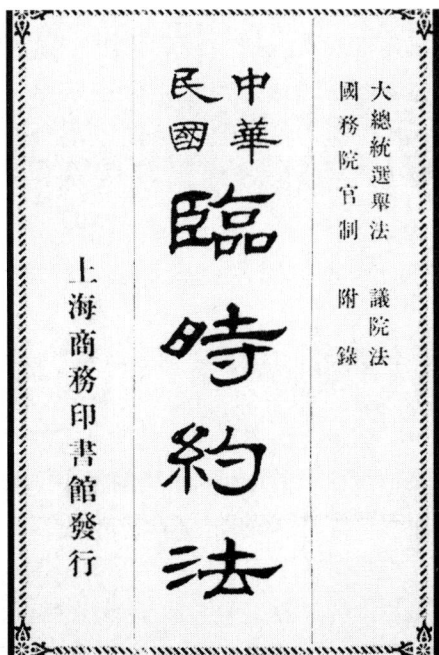

上海商务印书馆出版的中华民国临时约法

机关，自然秉承袁氏意旨，于1914年1月24日议决成立约法会议，作为增修约法的机构。5月1日，袁世凯正式公布了增修后的《中华民国约法》，该约法名义上经约法会议议定，实则"字字皆袁氏手定者也"①。大总统因之拥有了无上的权力，对此，约法会议解释说："本会议……以议会政治之万不宜于今日之中国也，于是以总揽统治权，属之于国家元首，以重大总统之权；而又不能无所限制也，于是有对于全体国民负责之规定；以国势至今，非由大总统以行政职权急起直追，无以救危亡也，于是凡可以掣行政之肘，如官制官规之须经院议任命，国务员、外交员以及普通缔结条款之须得同意等项，皆删除。凡可以为行政之助者，如紧急命令，紧急财政处分等，悉与增加；以国权脆弱，亟宜注重军防也，于是特定陆海军之统率及编制权，以扬国威而崇兵备；以共和建设，来日方长，非策励殊勋，不克宏济艰难也，于是设各项特别荣典，以符优待而劝有功；以大总统之职责既重，必须有审议政务机关，以备咨询也，于是有参政院之设，以维持共和立宪之精神。"② 实际上，经此修改，共和立宪的精神已丧失殆尽。

至此，袁世凯终于将政治、军事、财政大权集于一身。设若袁世凯就此止步，政治或许还有转机的一天，不料袁世凯还不满足，他指使约法会议修正了大总统选举法，规定大总统任期十年，且可连选连任，大总统继任人由现任大总统推荐，根据这个选举法，袁世凯不仅成为终身总统，而且可以把总统职位传给子孙。但这还不是袁世凯的最终目标，他的最终目的是当皇帝，于是又有国体问题的发生。

四、帝制与共和的较量

袁世凯的帝制思想起于何时，不得而知，前清时代他力主君主立宪，盛赞德国式治国思想，大概他本人梦想自己能成为一个德皇式的人物。据称，袁世凯胆敢称帝，也曾受到德皇威廉的怂恿。民国初年袁世凯的儿子袁克定赴德国，威廉二世宴请他时，力陈中国非帝制不能图强，并让袁克定转告其父，德国全力支持中国实行帝制。③ 袁世凯心里很矛盾，他想做皇帝，但又顾

---

① 梁启超：《袁世凯之解剖》，《饮冰室合集》（四）文集之三十四，中华书局影印，第15页。

② 白蕉：《袁世凯与中华民国》，《近代稗海》第三辑，四川人民出版社1985年版，第94—95页。

③ 刘成禺、张伯驹著：《洪宪纪事诗三种》，上海古籍出版社1983年版，第67—68页。

虑重重。自从就任临时总统以来，一直信誓旦旦要维护共和。二次革命后，袁世凯的所作所为渐渐暴露出帝制自为的迹象，到 1914 年，北京流行一种传说，称共和不适于国情，非改弦更张，不足以救亡。有人揣度这种传说就是袁大公子散布的。是年 6 月，清室遗老劳乃宣作《续共和正解》，连同其辛亥年间所作的《共和正解》一同刊印，取名为《正续共和解》，以周召共和为例，强指共和政体即为君主政体。接着又有宋育仁等联合国史馆的守旧派人员上书呈请宣统复辟。袁世凯还下令内务部查办，结果宋育仁被逮捕，押回原籍。袁世凯的意思是要自己做皇帝，而不是让清帝复辟。

　　国体问题的公开化是在 1915 年。是年 1 月间，袁世凯的儿子袁克定经杨度介绍，宴请梁启超。谈次间袁克定流露出变更国体之意。杨度问梁启超："设改共和为君主，将奈何？"梁答以只问政体不问国体。[①] 袁世凯以为梁启超不会反对，于是加快帝制运动的步伐。8 月上旬，袁世凯的美籍顾问古德诺（Frank J. Goodnow）发表《共和与君主论》，认为根据中国的历史习惯和社会经济状况，中国用君主制较共和制为宜。几天后，由杨度发起组织的筹安会出笼了，该会援引古德诺的言论，为袁世凯的帝制自为做舆论准备。杨度组织筹安会，有其自身的目的，史家李剑农认为，杨度的潜意识，就是急于接近政权。辛亥革命以来，他替袁氏出力不少，终不能与梁士诒辈并驾并驱，分尝鼎之一脔，熊希龄组阁时，他想取得一个交通总长的位置，都不能达目的，因窥得袁氏父子的隐衷，极力和袁克定要好，想替袁家制造一个世袭皇冠，或许可以取得袁帝国第一任的内阁总理，所以筹安会的出现，可以说是袁氏借重杨氏，也可以说是杨氏借重袁氏。[②] 但是，仅仅从利禄之心仍然解释不了筹安会出现的原因，事实上，它的出现还有深厚的文化背景。在筹安会的六君子中，杨度、严复、刘师培都是学贯中西的学者，而孙毓筠、李燮和、胡瑛则都是革命元勋，从表面看，无论是杨、严、刘，还是孙、李、胡，赞成改共和为帝制，都是不合逻辑的。但是，联系到当时世界范围内的国家主义思潮，这一现象也就不难理解了。也就是在 1915 年，英国著名哲学家濮兰德（J. C. Bland）发文认为，中国的问题是传统社会文化秩序解体而形成"权力真空"却又没有新权威产生所致，因此中国问题的解决也有赖于一个新权威的形成。他的结论，自然是把中国的前途完全寄托于袁世凯一人身上。"中

---

　　① 《密谋帝制之渊源》，见李希泌等编：《护国运动资料选编》上册，中华书局 1984 年版，第 17 页。

　　② 李剑农：《中国近百年政治史》，商务印书馆 1948 年版，第 422 页。

国安定与否，全视袁总统一人建设之力如何。"① 这种权威主义、国家主义的治国思想最易引起中国知识界的共鸣，加之1915年正值第一次世界大战高潮，德国正表现出其"强大"的一面，大有席卷全欧之势，德国也就成了中国知识界心目中"后来居上"的赶超模范。中国知识界对德国最感兴趣的自然是它的立宪政制和国家主义。可见，筹安会也是一种文化思潮的产物，杨度、严复等人所推崇的，与其说是袁世凯，不如说是一种工具化了的"权威"。

筹安会正式成立于1915年8月21日，它自称是要从学理的层面来探讨国体问题。但实际上它从一开始就越出了学理层面卷入实际帝制活动中去。它先是邀请该会各省代表入京，投票议决国体问题。继而组织形形色色的公民团，向参政院投递请愿书。9月1日，参政院开会，投递请愿书的便络绎不断，但明眼人一看便知，这实际上是袁世凯在背后操纵。9月19日，原有的请愿团体又联合组成一个全国请愿联合会，再向参政院请愿，9月28日，参政院议决，组织国民代表大会，以国民投票的方式表决国体问题。一个月后，国体投票结束，结果1993票，全部主张君主立宪，并一致推戴袁世凯为中华帝国皇帝。此事从发议到结束，办理之神速，态度之一致，让人不可思议。因而引起人们的普遍怀疑。

其实，所谓讨论，所谓请愿，所谓表决，所谓推戴，全都是袁世凯及其党羽一手导演出来的。这就是国体问题的真相。但袁世凯似乎意犹未尽，还要继续表演。12月11日，自称国民代表大会总代表的代行立法院上书劝进，袁假意推辞，并说自己曾向参议院宣誓，愿竭力发扬共和，今若帝制自为，则是自背誓词。这样，代行立法院于当日再次集会，拟就第二次推戴书，当晚进呈，第二天，袁世凯就申令承认帝位了。其令称："天下兴亡，匹夫有责，予之爱国讵在人后？但亿兆推戴，责任重大，应如何厚利民生？应如何振兴国势？应如何刷新政治，跻进文明？种种措置，岂予薄德鲜能所克负荷？前次掬诚陈述，本非故为谦让，实因惴惕交萦，有不能自己者也。乃国民责备愈严，期望愈切，竟使予无以自解，并无可逃避！第创造弘基，事体繁重，询不可急遽举行，致涉疏率，应饬各部院就本管事务会同详细筹备，一俟筹备完竣，再行呈请施行。凡我国民，各宜安心营业，共谋利福，切勿再存疑虑，妨阻职务。各文武官吏，尤当靖供尔位，力保治安，用副本大总统轸念民生之至意！除将国民代表大会总代表推戴书，及各省区国民代表推戴书发

---

① 濮兰德：《中国之将来》，《东方杂志》第12卷第7号。

交政事堂，并咨复全国国民代表大会总代表代行立法院外，合行宣示，俾众周知!"① 至此，所谓国体问题有了最后的结果，袁世凯于12月31日下令改中华民国为中华帝国，以中华民国五年一月一日为洪宪元年元旦，并于当日登基。

何以袁世凯及其党羽胆敢伪造民意，推行帝制？这是因为他们认为，外能争取各列强的同情与支持，内能控制为数不多的反对力量。就外而言，德、日两国都曾表示过支持袁世凯称帝，英、美、法、俄也都默认此事之进行。就内而言，他们认为，二次革命后，反对袁世凯的国民党人即使是要反抗，也是没有实力了，而进步党人是不会积极反对的，因为君主立宪也曾是他们的奋斗目标，至于北洋军阀，那是袁氏的亲信，即使有一二人不热心此道，但也绝不会有反对行为的，如此还会有问题吗？但是，袁世凯错误估计了形势，他太自信，太傲慢，梁启超指出，袁氏其人"因生平游泳官海，著著成功之故，则以为自身之能力智识极伟大，举中国人举世界人莫之能及"②。事实上，自帝制运动公开化后，反袁的运动也开始了。

袁世凯称帝后在天坛祭天

---

① 白蕉：《袁世凯与中华民国》，《近代稗海》第三辑，四川人民出版社1985年版，第204页。
② 梁启超：《袁世凯之解剖》，《饮冰室合集》（四）文集之三十四，中华书局影印，第13页。

当袁世凯帝制运动逐渐公开之后，即使在袁世凯认为最可靠的地方，也出现了反袁活动。列强方面，当国体问题发生时，英、俄等国皆表示反对的态度，日本则对此不置可否。当帝制进入最后阶段，且帝制成功的希望很小时，日本突然改变态度，纠合英、俄、意、法四国，向袁世凯提出警告。国内方面，无论是国民党、进步党还是北洋派，都有反袁力量存在。就国民党而言，二次革命后，国民党首领孙中山、黄兴、李烈钧等均避居海外，孙中山在日本筹组中华革命党，以发动第三次革命为职志，一些没有加入中华革命党的国民党温和派人士，另组"欧事研究会"，拥黄兴、岑春煊为首领，对帝制运动也持坚决反对态度。不过那时国民党在国内的力量已被袁世凯摧毁殆尽。中华革命党与欧事研究会虽然派人回国运动反袁，但毕竟力量太小，无法对袁世凯构成威胁。

梁启超像

在反对帝制活动中起关键作用的是梁启超及其进步党。进步党在帝制活动公开化之前，一直持拥袁立场，他们的本意，是想带袁世凯走上立宪政治的轨道，但对袁世凯要推行帝制，则是绝对不赞成的，因为他们认为，政体一旦确立，就不应轻易改动。他们现在反对帝制，其理由正如他们从前之反对革命。因此，自国体问题发生以来，梁启超就公开表示反对，他先是致书袁世凯，劝他"稍捐复古之念，力为作新之谋"。[1]继而又针对古德诺及筹安会的谬论，发表《异哉所谓国体问题者》一文。此文未发表之前，袁世凯派人以巨金贿赂梁启超令其勿发表，继又派人以恐吓

---

① 梁启超：《上总统书》，《饮冰室合集》（四）文集之三十四，中华书局影印，第4页。

手段威胁梁启超。梁没有屈服，并以稿示袁。袁无奈，只好加强了对梁启超的监视。袁世凯大概连做梦也没有想到，梁启超并没有停留在文字上的反对，而是在暗中做武力讨袁的准备。在武力讨袁的活动中，蔡锷是一个关键性的人物。蔡锷于1914年辞去了云南都督一职，回到北京。梁、蔡是师生关系，袁世凯也特别警惕他们之间的联合，但蔡锷处处谨慎小心，装出一副赞成帝制的样子，终于摆脱了袁世凯的监视，称病出京，然后秘密潜回云南。蔡锷到了云南，立即联络旧部发动云南起义，护国之役爆发了。

梁启超、蔡锷选择云南作为反袁基地，这并不是偶然的。因为云南、贵州向来为进步党人的地盘，辛亥革命时蔡锷被举为云南都督。之后蔡命唐继尧率滇军入黔，贵州也纳入云南的势力范围。1913年蔡锷虽然被举为统一共和党总干事，与国民党发生关系，但蔡锷为梁启超弟子。梁、蔡关系极密，因此实际上蔡是进步党人的保护者。滇、黔两省为进步党人的活动场所。二次革命后虽然蔡锷自请离滇，但云南军界多为蔡锷旧部，当全国大部分地区都为北洋军人控制时，云南、贵州仍然是进步党人的活动地盘。所以梁启超特别看重滇、黔。与进步党人一样，中华革命党也选择了云南作为反袁基地，这是因为自二次革命失败后，旧革命党在国内的地盘完全丧失，南方各省军队中的势力基本上为北洋系取代，革命党人要想在东南沿海一带活动比辛亥革命以前更加困难。因此不得不把眼光投向两广、云贵一带。但那时广东的龙济光已为袁世凯收买，广西的陆荣廷态度暧昧，也不易发动。此时可以利用的，只有云南、贵州两省，特别是云南，最为理想，因为那里的中下级军官如罗佩金、李曰垓、黄毓成、赵复祥、邓太中、杨蓁等都是坚定的反袁派。因此革命党方面也把云南作为反袁的基地。就在蔡锷入滇之前，中华革命党方面的方声洞、李烈钧已先期抵达云南。其间李、蔡之间还曾互通声气。这样，当李烈钧、蔡锷先后抵达云南之后，一条包括了旧革命党人、进步党及地方实力派的反袁联合阵线形成了。

1915年12月19日，蔡锷抵达云南，23日，唐继尧与云南巡按使任可澄即联名致电袁世凯，要求立即取消帝制，并将杨度、孙毓筠、严复、刘师培、李燮和、胡瑛、段芝贵、朱启钤、周自齐、梁士诒、张镇芳、袁乃宽等明正典刑，以谢天下。唐还要求袁世凯于二十四小时内对此作出答复。此电发后，袁未予理睬。25日，唐继尧即通电全国，宣布独立，并废除将军、巡按使名义，组织护国军政府和护国军，誓师讨袁。

护国军初起之时，力量十分弱小，蔡锷所统的第一军三个梯团，总共也不过三千余人。但护国军士气高昂，战事开始后节节胜利。四川、贵州、广西继起响应。特别是广西独立对袁世凯是一个沉重的打击。袁自知大势已去，乃于1916年3月22日下令撤销帝制，但同时他又自称大总统。为了保住总统的职位，袁世凯以徐世昌、段祺瑞、黎元洪三人的名义，致电护国军，要求停战，商量善后办法，但护国军方面，非袁世凯去位，决不罢手。而此时，形势再度向对护国军有利的方面发展。广东、浙江相继独立。康有为、张謇、汤化龙、伍廷芳、唐绍仪也都致电袁世凯，迫其下野。袁世凯只好再度让步，4月21日，他下令免去徐世昌国务卿一职，任命段祺瑞为国务卿兼陆军总长，组织责任内阁，但袁世凯并不想把军政大权真正交与段祺瑞，段祺瑞也就不肯真正为袁出力，并力请辞职。袁世凯知道段祺瑞无法改变南方的态度，于是又转而倚重冯国璋。冯国璋自筹安会发生后即有反对帝制的表示，但他又感念旧恩，不愿与袁决裂。许多人都以总统一职诱他倒袁。冯颇为心动，于是就像袁世凯当年对待清室一样，他倡议在南方召开各省代表会议，讨论袁世凯的去留问题。

由冯国璋倡议的南京会议于5月18日召开，会议由冯国璋主持，独立各省未派代表与会。会议并没有出现袁世凯所希望的那种一致挽留的局面，相反主张退位者占大多数。袁世凯看到南京会议于己不利，乃决计备战，于5月29日特颁告令，解释不退位的理由，并详述帝制发生的原委，为自己推卸责任，同时也为继续用兵提供依据。显然，袁世凯还在幻想着能挽回局面，但事实上已是不可能的了。四川的陈宧与湖南的汤芗铭先后于5月22日和29日宣布独立。陈、汤二人都是袁世凯所恃的忠实鹰犬，现在也背弃了袁世凯，这不能不使袁世凯备感痛心。从此袁世凯一病不起，于6月6日死去，临终前袁世凯把段祺瑞和徐世昌找来，把大总统印交付给徐世昌。退位的问题，也就不解决而自解决了。第二天，黎元洪继任大总统，不久国会恢复，军务院撤销，民国复活，共和得以再生。

五、救国的新方向

袁世凯的帝制活动促使人们进行反思：政治何以会败坏到这等地步？人们在痛苦中忏悔，在忏悔中达到一种新的认识，这就是：要救中国，还必须启发国民的政治意识，培养国民的独立人格，相对于政制的建设而言，思想的觉悟与人格的独立更为重要。民初著名记者黄远庸在他的《忏悔录》中写道："今日无论何等方面，自以改革为第一要义，夫欲改革国家，必须改造社会，欲改造社会，必须改造个人。社会者，国家之根柢也；个人者，社会之根柢也。……继自今，提倡个人修养，提倡独立自尊，提倡神圣职业，提倡人格主义，则国家社会，虽永远陆沉，而吾之身心固已受用不尽矣。"①

黄远庸的忏悔和认识具有相当的普遍性。自1914年以来，知识界因受政治失败的刺激而产生一些新的动向。"人格自觉"的呼声越来越强烈。是年5月，章士钊创办《甲寅》杂志于东京，它预示着一种新思潮即将来临。章士钊在《甲寅》上反复撰文，申论国家与人民的关系，强调国民的独立自主精神，借以打破人们头脑中传统的国家观念，唤醒人们的自觉心。最能体现这一时期因民主政治失败而导致国民自觉的，要算陈独秀提出的"爱国心与自觉心"的问题了。1914年底，陈独秀在《甲寅》杂志发表了题为《爱国心与自觉心》的文章。陈独秀认为，国家是保障人民权利、谋益人民幸福的机关，人民之所以建立国家，其目的即在保障权利，共谋幸福。如果国家不能保障人民的权利，谋益人民的幸福，则存之无所荣，亡之无所惜。爱国心出于感情，自觉心则出于理智，所谓爱国，必须爱保障人民权利谋益人民幸福的国家；所谓自觉，就是自觉国家的目的与情势。不知国家的目的而爱国是盲目的，不知国家情势而爱国则是危险的。在他看来："国人无爱国心者，其国恒亡，国人无自觉心者，其国亦殆，二者俱无，国必不国。"② 在这里，陈独秀实际上提出了一种与忠君思想完全不同的民主的爱国主义，这种爱国主义的原则简单说来，就是把国内民主化与国权的确立联系起来，认定只有发扬民权，才能发扬国权，保持独立，而专制政治只能导致亡国卖国。

爱国心与自觉心的争论，成了新文化运动的先声。1915年9月，陈独秀在上海创办《青年杂志》（自第二卷起改为《新青年》），吹响了思想革命的号角。思想革命的核心就是要使每一个人都实现"伦理的觉悟"。陈独秀说："自西洋文明输入吾国，最初促吾人之觉悟者为学术，相形见绌，举国所知矣；其次为政治，年来政象所证明，已有不克守缺抱残之势。继今以往，国人所怀疑莫决者，当为伦理问题。此而不能觉悟，则前之所谓觉悟者，非彻底之觉悟，盖犹在惝恍迷离之境。吾敢断言曰：伦理的觉悟，为吾人最后觉

---

① 黄远庸：《忏悔录》，《远生遗著》上册卷一，商务印书馆1984年版，第134页。

② 陈独秀：《爱国心与自觉心》，见任建树主编《陈独秀著作选编》第一卷，上海人民出版社2009年版，第146页。

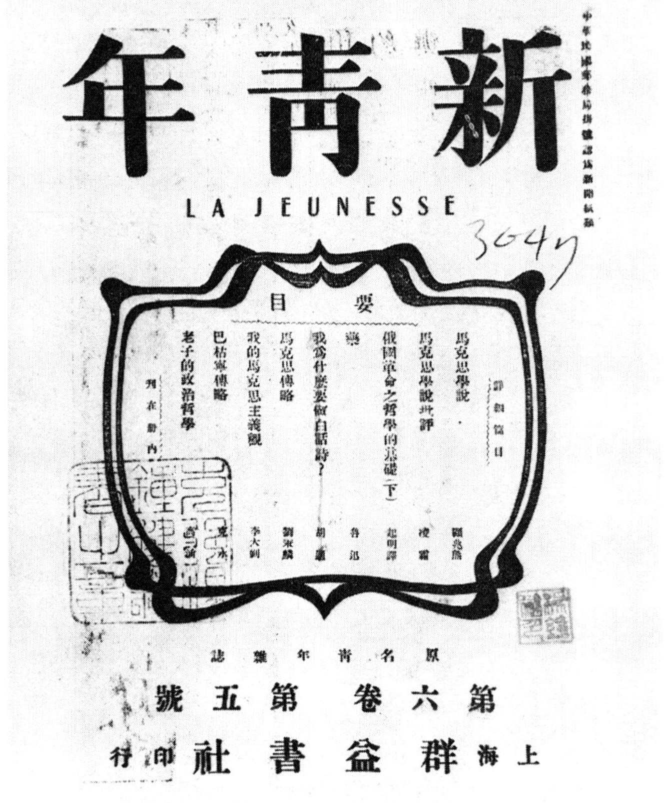

年 青 新

LA JEUNESSE

304y

要　目

馬克思學說

馬克思學說批評

俄國革命之哲學的基礎（下）

我爲什麽要做白話詩？

我的馬克思主義觀

巴枯甯傳略

老子的政治哲學

列在卷内

（目次略字）

原名青年雜誌

第 六 卷 第 五 號

上海 群 益 書 社 印 行

《新青年》封面

悟之最后觉悟。"①

　　所谓"伦理的觉悟"，就是强调宗法时代的旧道德与现代生活绝不相容。由于袁世凯大搞尊孔活动，人们越发看清了帝制与孔教的关系，因此打倒儒家伦理就被认为是再造共和的前提。陈独秀指出，"儒者三纲之说，为一切道德政治之大原：君为臣纲，则民于君为附属品，而无独立自主之人格矣；父为子纲，则子于父为附属品，而无独立自主之人格矣；夫为妻纲，则妻于夫

————————————

　　① 陈独秀：《吾人最后之觉悟》，《独秀文存》，安徽人民出版社1987年版，第41页。

为附属品，而无独立自主之人格矣。率天下之男女，为臣、为子、为妻，而不见有一独立自主之人者，三纲之说为之也。"① 陈独秀把这种别尊卑贵贱的道德称为奴隶道德，并认为它是造成民德堕落的原因，因而也就是造成政治败坏的原因，中国要想巩固共和，就必须先将反对共和的旧思想旧伦理，一一洗刷干净不可。"因为民主共和的国家组织社会制度伦理观念和君主专制的国家组织社会制度伦理观念全然相反——一个是重在平等精神，一个是重在尊卑阶级——万万不能调和的。"② 陈独秀之外，李大钊、胡适、吴虞、鲁迅等都对旧的伦理道德进行了深刻的批判，如胡适对妇女问

李大钊像

题、贞节问题上旧伦理道德的批判，吴虞对孝的批判，鲁迅对"吃人"的礼教的批判等等。他们对旧道德的批判都是基于一种自然的伦理观和进化的伦理观，也就是说，一时代有一时代的道德，旧的道德只能适用于旧的时代，新的时代必须运用新的道德，否则，政治永无革新之机，中国永无复兴之望。

陈独秀所说的伦理的觉悟并不是单指伦理道德问题，扩而大之是指整个中国文化的问题。在陈独秀看来，中西文化的差别是一种时代的差别，中国文化仍是一种古代文化，而西方文化已是一种近代文化。因此，相对于西方文化来说，中国文化是一种落后文化。中国的唯一出路就是学习西方文化。在陈独秀看来，西方文化的精髓就是"民主"与"科学"，即"德先生"和"赛先生"。他断言："只有这两位先生，可以救治中国政治上道德上学术上思想上一切的黑暗。"并表示，"若因为拥护这两位先生，一切政府的压迫，社会的攻击笑骂，就是断头流血，都不推辞。"③

通过改造国民的思想，进而实现国家的改造，这样的救国思路，并不是

---

① 陈独秀：《一九一六年》，《独秀文存》，安徽人民出版社1987年版，第34页。
② 陈独秀：《旧思想与国体问题》，《独秀文存》，安徽人民出版社1987年版，第103页。
③ 陈独秀：《〈新青年〉罪案之答辩书》，《独秀文存》，安徽人民出版社1987年版，第243页。

陈独秀、胡适等人的首创，在此之前严复、梁启超就提出过，但蔚然成为一种思潮，为大多数人所接受，则是1917年前后的事情。所以，当新文化运动兴起后，新思潮的传播便蓬蓬勃勃地开展起来。但是，由于新文化运动是在"救亡"的前提下开展起来的，它必须服从于现实的政治需要，又担负着为中国的现代化寻求出路的使命，因此启蒙思想家们在理论选择时表现出庞杂甚至矛盾的现象。各种各样的西方思想都被当做"新文化"介绍进来，其中有18世纪欧洲启蒙思想家的学说，又有19世纪带有反启蒙特征的欧洲自由主义、功利主义的学说，还有20世纪初年欧美最新流行的学说。除了陈独秀对法国文明、胡适对美国实用主义情有独钟之外，无政府主义者则介绍西方的无政府主义，社会主义者则介绍欧洲的社会主义思潮，留学德国的哲学家们则介绍康德、黑格尔、费希特等一流的德国思想家，留学英国的则试图介绍洛克、休谟、边沁、穆勒。面对如此众多、纷至沓来的各种学说，中国人又该如何作出选择呢？正当中国人感到有点无所适从的时候，西方文化危机爆发了，第一次世界大战及其带来的疯狂的破坏，空前未有的惨烈，以及战争所表现出来的恐怖、非理性、非人道给西方式的乐观与自信以沉重的打击。一种对西方文化的怀疑与不安，对西方制度未来的悲观情绪产生了。就是在西方内部，也对自己的文化传统抱有严厉的批评和怀疑态度，斯宾格勒、罗素、柏格森、倭铿就是其中的代表人物。中国思想界又进到了一个新的转折点，马克思主义就在这种背景下进入了中国人的视野，一条新的救国道路又展现在中国人民面前。

主要参考文献

一、史料、报刊

陈旭麓等主编：《辛亥革命前后》（盛宣怀档案资料选辑之一），上海人民出版社1979年版。

第二历史档案馆编：《中华民国史档案资料汇编》第2辑，江苏人民出版社1981年版。

冯自由：《革命逸史》，新星出版社2009年版。

复旦大学历史系编：《中国近代对外关系史资料选编》，上海人民出版社1977年版。

葛懋春编：《无政府主义思想资料选》，北京大学出版社1984年版。

故宫博物院明清档案部编：《清末筹备立宪档案史料》，中华书局1979年版。

胡滨译：《英国蓝皮书有关辛亥革命资料选译》，中华书局1984年版。

李希泌等编：《护国运动资料选编》，中华书局1984年版。

宓汝成编：《中国近代铁路史资料》，中华书局1963年版。

清华大学历史系编：《戊戌变法文献资料系日》，上海书店出版社1998年版。

上海社会科学院历史所编：《辛亥革命在上海史料选辑》，上海人民出版社1981年版。

四川省档案馆编：《四川保路运动档案选编》，四川人民出版社1981年版。

王铁崖编：《中外旧约章汇编》，生活·读书·新知三联书店1957年版。

武汉大学历史系编：《辛亥革命在湖北史料选辑》，湖北人民出版社1981

年版。

谢缵泰：《中华民国革命秘史》，《广东文史资料：孙中山与辛亥革命史料专辑》，广东人民出版社 1981 年版。

徐载平、徐瑞芳：《清末四十年申报史料》，新华出版社 1988 年版。

张静庐辑注：《中国近现代出版史料》，上海书店出版社 2003 年版。

张蓉初译：《红档杂志有关中国交涉史料选译》，生活·读书·新知三联书店 1957 年版。

张枬、王忍之编：《辛亥革命前十年间时论选集》，生活·读书·新知三联书店 1960 年版。

章伯锋、李宗一主编：《北洋军阀》，武汉出版社 1990 年版。

章开沅主编：《辛亥革命史资料新编》，湖北长江出版集团、湖北人民出版社 2006 年版。

政协全国文史资料委员会编：《辛亥革命在各地》，中国文史出版社 1991 年版。

中国近代经济史资料丛刊编辑委员会主编：《中国海关与辛亥革命》，中华书局 1983 年版。

中国史学会编：《戊戌变法》，神州国光社 1953 年版。

中国史学会编：《辛亥革命》，上海人民出版社 1957 年版。

中国史学会编：《义和团》，上海人民出版社 1957 年版。

朱有瓛主编：《中国近代学制史料》，华东师范大学出版社 1987 年版。

朱宗震、杨光辉编：《民初政争与二次革命》，上海人民出版社 1983 年版。

邹念之编译：《日本外交文书选译——关于辛亥革命》，中国社会科学出版社 1980 年版。

（清）朱寿朋编：《光绪朝东华录》，中华书局 1958 年版。

《东方杂志》

《国粹学报》

《近代史资料》

《临时政府公报》

《民报》

《青年杂志》

《清议报》

《新民丛报》

［美］《纽约时报》（*New York Times*）

［英］《泰晤士报》（*Times*）

二、文集

陈独秀：《独秀文存》，安徽人民出版社 1987 年版。

黄远庸：《远生遗著》，商务印书馆 1984 年版。

梁启超：《饮冰室合集》，中华书局影印 1989 年版。

秦力山：《秦力山集》，中华书局 1987 年版。

任建树主编：《陈独秀著作选编》，上海人民出版社 2009 年版。

宋教仁：《宋教仁集》，中华书局 1981 年版。

孙中山：《孙中山全集》，中华书局 2006 年版。

汤志钧编：《章太炎政论选集》，中华书局 1977 年版。

伍廷芳：《伍廷芳集》，中华书局 1993 年版。

严复：《严复集》，中华书局 1986 年版。

张謇：《张謇存稿》，上海人民出版社 1987 年版。

章士钊：《甲寅杂志存稿》，商务印书馆 1921 年版。

章太炎：《太炎文录初编》，上海书店出版社 1992 年版。

中国李大钊研究会编注：《李大钊全集》，人民出版社 2006 年版。

三、年谱、传记资料

陈善伟：《唐才常年谱长编》，香港中文大学出版社 1991 年版。

陈锡祺主编：《孙中山年谱长编》，中华书局 1991 年版。

丁文江、赵丰田编：《梁启超年谱长编》，上海人民出版社 1983 年版。

胡汉民：《胡汉民自传》，《近代史资料》1981 年第 2 期，总第 45 期。

李宗一：《袁世凯传》，国际文化出版公司 2006 年版。

楼宇烈整理：《康南海自编年谱》（外二种），中华书局 1992 年版。

毛注青编著：《黄兴年谱长编》，中华书局 1991 年版。

尚明轩等编：《孙中山生平事业追忆录》，人民出版社 1986 年版。

汤志钧编：《章太炎年谱长编》，中华书局 1979 年版。

章念驰编：《章太炎生平与学术》，生活·读书·新知三联书店 1988 年版。

Chan Lau Kit-ching, *Anglo-Chinese Diplomacy in the Careers of Sir John Jordan and Yuan Shikai*, *1906 – 1920*, Hong Kong University Press，1978.

四、论著、论文

［澳］骆惠敏编，刘桂梁等译：《清末民初政情内幕》，知识出版社 1986 年版。

［法］托克维尔：《旧制度与大革命》，商务印书馆 1996 年版。

［日］近代日本思想史研究会著：《近代日本思想史》第一卷，商务印书馆 1983 年版。

［日］实藤惠秀：《中国人留学日本史》，生活·读书·新知三联书店 1983 年版。

［美］马士著，张汇文等译：《中华帝国对外关系史》，上海书店出版社 2006 年版。

［美］斯塔夫里阿诺斯著，吴象婴、梁赤民译：《全球通史：1500 年以后的世界》，上海社会科学院出版社 1992 年版。

白蕉：《袁世凯与中华民国》，《近代稗海》第三辑，四川人民出版社 1988 年版。

蔡寄鸥：《鄂然血史》，龙门联合书局 1958 年版。

蔡乐苏、张勇、王宪明：《戊戌变法史述论稿》，清华大学出版社 2001 年版。

曹亚伯：《武昌革命真史》，上海书店 1982 年版。

陈志让：《军绅政权：近代中国的军阀时期》，广西师范大学出版社 2008 年版。

刁振娇：《清末地方议会制度研究——以江苏谘议局为视角的考察》，上海人民出版社 2008 年版。

丁守和主编：《辛亥革命时期期刊介绍》，人民出版社 1982 年版。

戈公振：《中国报学史》，中国新闻出版社 1985 年版。

宫崎滔天著，林启彦译：《三十三年之梦》，花城出版社 1981 年版。

侯宜杰：《二十世纪初中国政治改革风潮：清末立宪运动史》，中国人民大学出版社 2009 年版。

霍启昌：《几种有关孙中山先生在港策进革命的香港史料试析》，《回顾与展望——国内外孙中山研究述评》，中华书局 1986 年版。

金冲及、胡绳武：《辛亥革命史稿》，上海人民出版社 1980 年版。

金冲及：《二十世纪中国史纲》，社会科学文献出版社 2009 年版。

李剑农：《中国近百年政治史》，复旦大学出版社 2002 年版。

林家有主编：《辛亥革命运动史》，中山大学出版社 1990 年版。

刘成禺、张伯驹：《洪宪纪事诗三种》，上海古籍出版社 1983 年版。

溥仪：《我的前半生》，群众出版社 1978 年版。

桑兵：《清末新知识界的社团与活动》，生活·读书·新知三联书店 1995 年版。

桑兵：《晚清学堂学生与社会变迁》，学林出版社 1995 年版。

申报馆：《最近之五十年——申报馆五十周年纪念》，申报馆 1923 年版。

石泉：《甲午战争前后之晚清政局》，生活·读书·新知三联书店 2003 年版。

史扶邻：《孙中山与中国革命的起源》，中国社会科学出版社 1981 年版。

孙中山研究学会编：《回顾与展望——国内外孙中山研究述评》，中华书局 1986 年版。

唐德刚：《袁氏当国》，广西师范大学出版社 2004 年版。

王先明：《晚清士绅基层社会地位的历史变动》，《历史研究》1996 年第 1 期。

王芸生：《六十年来中国与日本》，生活·读书·新知三联书店 1980 年版。

吴经熊、黄公觉著：《中国制宪史》，《民国丛书》第四编·27，上海书店印行。

吴长翼编：《八十三天皇帝梦》，文史资料出版社 1983 年版。

萧功秦：《危机中的变革：清末政治中的激进与保守》，广东省出版集团、广东人民出版社 2011 年版。

熊月之：《中国近代民主思想史》，上海人民出版社 1986 年版。

徐爽：《旧王朝与新制度：清末立宪改革纪事》，法律出版社 2010 年版。

薛君度著，杨慎之译：《黄兴与中国革命》，湖南人民出版社 1980 年版。

严昌洪、许小青：《癸卯年万岁——1903 年的革命思潮与革命运动》，华中师范大学出版社 2001 年版。

　　杨联陞：《国史探微》，新星出版社 2005 年版。

　　张朋园：《梁启超与民国政治》，吉林出版集团有限责任公司 2007 年版。

　　张玉法：《清季的革命团体》，台湾"中央"研究院近代史研究所 1975 年版。

　　张仲礼：《中国绅士》，上海社会科学出版社 1991 年版。

　　章开沅、林增平：《辛亥革命史》，人民出版社 1980 年版。

　　政协全国文史资料委员会编：《辛亥革命回忆录》，中华书局 1961—1963 年版。

　　钟叔河：《走向世界：近代中国知识分子考察西方的历史》，中华书局 1997 年版。

　　仲芳氏：《庚子记事》，中华书局 1978 年版。

　　周叶中、江国华主编：《博弈与妥协——晚清预备立宪研究》，武汉大学出版社 2010 年版。

　　朱维铮：《重读近代史》，上海文艺出版集团、中西书局 2010 年版。

　　朱英：《关于晚清市民社会研究的思考》，《历史研究》1996 年第 4 期。

　　朱英：《明清经济政策与改革措施》，华中师大出版社 1996 年版。

　　朱育和、欧阳军喜、舒文：《辛亥革命史》，人民出版社 2001 年版。

　　朱育和主编：《民族复兴与中国共产党》，清华大学出版社 2004 年版。

五、图片资料

　　商务印书馆编译所：《大革命写真画》，商务印书馆辛亥年（1911）十月版。

　　张筱强等编：《图片中国百年史》，山东画报出版社 1994 年版。

　　辛亥革命网（www.xhgmw.org）

后　记

　　本书是在朱育和、欧阳军喜、舒文合著的《辛亥革命史》（人民出版社
2001 年版）的基础上编写而成，同时又吸收了学界近十年来辛亥革命史研究
的成果。清华大学历史系朱育和先生担任了本书的编写顾问，对本书的编写
提出了许多宝贵的意见，我们对此深表感谢。

　　我们还要感谢人民出版社副总编乔还田先生对我们的信任，他的支持和
鼓励是本书得以顺利完成的保证。

　　本书由欧阳军喜、王宪明、蔡乐苏、舒文共同编写。由于我们水平有限，
错谬之处在所难免，敬请读者朋友们批评指正。

2011 年 6 月于清华园